공부, 마음이 열려야 머리도 열린다
아이의 공부심리를 이해하라

공부, 마음이 열려야 머리도 열린다
아이의 공부심리를 이해하라

초판 1쇄 찍음 2010년 4월 1일
초판 1쇄 펴냄 2010년 4월 7일

지은이   유성오
펴낸이   김선영
펴낸곳   책으로여는세상

책임편집 안동권
디자인   한혜선(design_hada@daum.net)

출판등록 | 제396-2008-000066
주소   (우)410-755 경기도 고양시 일산동구 중산동 1800 하늘마을 5단지 509-1801
전화 031-818-9917 | 팩스 031-818-9913 | E-mail chaekyeose@daum.net

ISBN 978-89-93834-04-8 (03370)

책으로여는세상
좋·은·책·이·좋·은·세·상·을·열·어·갑·니·다

*잘못된 책은 사신 곳에서 바꿀 수 있습니다.
*이 책에 실린 모든 글은 〈책으로여는세상〉의 동의 없이는 사용할 수 없습니다.

이 도서의 국립중앙도서관 출판시도서목록(CIP)은 e-CIP 홈페이지(http://nl.go.kr/cip.php)에서 이용하실 수 있습니다.(CIP2010001052)

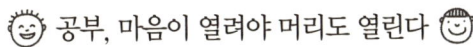 공부, 마음이 열려야 머리도 열린다

아이의 공부심리를 이해하라

유성오 지음

책으로여는세상

| 프롤로그 |

아이의 마음을 알면, 공부가 보인다

너 자신을 알라!

소크라테스와 더불어 유명해진 말입니다. 동양에도 '지기지피 백전백승(知己知彼 百戰百勝)'이라는 말이 있습니다. 자고로 나를 알고 남을 아는 것이 중요하다는 이야기입니다.

한 인간이 얼마나 성숙할 수 있느냐의 문제는 자신을 올바르게 알고 있느냐에서 출발한다고 해도 지나친 말이 아닐 것입니다. 그렇다면 부모인 나는 나 자신을 얼마나 잘 알고 있을까요? 그리고 부모로서 아이에 대해서는 얼마나 잘 알고 있을까요? 그리고 부모인 나와 아이 사이를 갈등과 긴장의 연속으로 몰아넣는 '공부'에 대해서는 얼마나 알고 있을까요?

공부는 도대체 무엇일까요? 왜 아이는 공부하기를 싫어하는 걸까요? 공부를 왜 어려워할까요? 아이의 공부 발목을 잡고 있는 것은 도대체 무엇일까요?

공부를 놓고 효과 없는 잔소리와 승자 없는 싸움을 하게 만드는 아이와 부모의 심리가 무엇인지 알지 못한다면 이 무모한 싸움은 멈추지 않을 것이고, 계속해서 귀중한 돈과 시간을 소모하게 될 것입니다. 그렇다면 잠시 싸움을 멈추고 왜 이런 싸움이 벌어지는지 진지하게 돌아보는 시간을 갖는 것이 필요하지 않을까요?

이 책에 실린 글들은 지난 20여 년 동안 학교 현장에서 직접 아이들을 가르치면서 보고 듣고 겪은 내용들을 바탕으로 쓴 것입니다.

공부를 놓고 벌이는 아이와 부모의 갈등을 가까이서 지켜보면서 그 모든 문제가 부모와 아이의 마음에 있다는 사실을 알게 되었습니다. 그리고 부모와 아이가 서로 마음을 열지 않으면 공부 문제는 결코 해결할 수 없다는 것도 깨달았습니다. 물론 마음을 열지 않는데도 아이가 공부를 잘하게 되는 경우도 있었습니다. 하지만 그 결과는 부모와 아이 모두 행복하지 않았다는 사실입니다.

아이가 공부를 잘하기 바라십니까? 그리고 아이가 참으로 행복하기 원하십니까? 그렇다면 아이의 마음에 진심으로 다가가십시오. 아이의 마음을 알면 공부가 보입니다. 그리고 부모와 아이 모두 행복해질 수 있습니다.

이 책을 쓰는 동안 계속해서 지지와 격려를 보내준 아내와, 나 자신을 되돌아볼 수 있는 기회를 마련해준 아들에게 다시 한 번 고마움을 전합니다. 그리고 부족한 글들이 책으로 엮일 수 있도록 기회를 준 〈책으로여는 세상〉에 따뜻한 고마움의 인사를 전하고 싶습니다.

2010년 3월 유성오

프롤로그 아이의 마음을 알면 공부가 보인다

마음이 열려야 공부 머리도 열린다

마음을 연 아이, 마침내 공부 머리를 열다 • 12
어떤 경우에도 비난하지 않는다

공부에 대한 정서적 거부감, 그 높은 벽을 허물다 • 17
공부를 방해하는 부정적 자기 인식 | 자존감 높은 아이가 공부도 잘한다

긍정적 암시를 받은 아이, '할 수 있다'를 외치다 • 24
일생을 좌우하는 말 한마디 | 그래 해봐! 할 수 있을 거야!

엄마, 효과없는 잔소리 대신 공부에 도움이 되는 일들을 시작하다 • 30
공부에 대한 생각이 서로 다른 부모와 아이 | 잔소리보다는 실제적으로 공부에 도움이 될 만한 것들을 찾아보자

격려의 심리학, 드디어 아이가 변하기 시작하다 • 37
거짓 칭찬보다 참된 격려를 하라 | 아이에게 필요한 것은 성장하려는 의지

성적만 생각하던 부모, 참된 교육에 눈뜨다 • 42
죽음으로 몰아붙이는 점수 경쟁 | 아이에게 꼭 필요한 것은 부모와의 친밀한 애착관계

부모, 아이를 위해 공부하기로 마음먹다 • 49
아이의 태도를 바꾸는 가장 좋은 방법은 부모의 모범 | 죄책감으로는 아이의 태도를 달라지게 할 수 없다

공부 전략, 백 미터 달리기에서 마라톤으로 바꾸다 • 55
한꺼번에 다 하려 하면 시작도 못한다 | 두꺼운 책도 하루 한 페이지씩부터

아이의 논술을 위해 부모, 책을 읽기 시작하다 • 61
책 읽기는 습관의 문제

아이에게 분노하는 부모, 감정적 거리두기를 연습하다 • 66
감정적 거리 두기, 아이에 대한 객관적 평가를 가능하게 한다 | 아이에 대한 분노는 아이의 미래에 대한 불안 때문

공부, 지능보다 집중과 반복학습의 문제임을 깨닫다 • 73
공부 잘하는 비결, 집중력과 끈기 그리고 반복학습 | 어린 아이에게서 배우는 반복학습의 기적

열심히 해도 성적이 안 오르는 아이, 깨진 독을 수리하다 • 78
깨진 독에는 결코 물을 채울 수 없다 | 모르는 부분이 독의 깨진 부분

명문 학교, 아이의 가슴에 상처를 입히다 • 83
비범한 아이에서 평범한 아이로 전락해버리다

과잉 서비스로 키운 아이, 마침내 학교를 거부하다 • 89
아이의 해결사 노릇, 그만 멈추자 | 사랑이라는 이름으로 저지르는 과잉 서비스

음식, 아이의 공부를 방해하는 범인으로 밝혀지다 • 95
내 아이를 망치는 달콤한 유혹, 설탕 | 아이의 뇌 기능을 떨어뜨리는 가공식품들

Part 2 아이의 심리를 이해하는 부모가 행복한 우등생을 만든다

사랑받고 싶은 아이, 거짓말쟁이가 되다 • 104
버림받을까 두려워하는 마음이 만들어내는 거짓말 | 부모와의 신뢰가 굳건하면 아이는 거짓말하지 않는다

부모가 절대로 포기할 수 없는 것, 성적에서 아이로 바뀌다 • 111
어떻게 대하느냐에 따라 달라지는 아이의 미래 | 성적과 상관없이 아이에 대한 사랑은 계속되어야 한다

아이의 참 행복을 바라는 엄마, 자신과 아이의 행복을 구별하다 • 117
아이의 행복을 위한다는 속임수 | 아이의 행복과 아이를 행복하게 해주고 싶은 엄마의 욕구는 다르다

위험한 선택을 하려는 아이 앞에서 부모, 참된 역할을 깨닫다 • 124
자녀의 선택은 자녀의 입장에서 바라볼 필요가 있다 | 서로가 다른 선택을 할 뿐이다 | 자녀의 선택 앞에서 부모의 참된 역할

너무 착한 아이, 예측 불허의 행동을 하다 • 131
억눌린 자아, 예측 불허의 행동으로 나타나다 | 부모의 기대가 자녀의 삶이 될 수는 없다

공감의 신비, 드디어 아이의 마음을 움직이다 • 137
먼저 공감하고 잘잘못은 나중에 따지자 | 사람을 움직이는 힘은 감정적 공감에서 나온다

부모의 지지를 못 받은 아이, 또래집단에 집착하다 • 144
또래들끼리만 지낼 경우 사회성이 비뚤어질 가능성이 높다 | 아이의 궁극적 애착은 부모를 향해야 한다 | 부모와 아이 사이, 애착과 신뢰를 회복해야 한다

외롭고 상처받은 영혼, 친구를 왕따 시키다 • 152
왕따 당하지 않기 위해 왕따 시키다 | 어른과의 부족한 애착관계가 만들어내는 왕따

오늘, 아이에게 실패할 수 있는 권리를 주다 • 158
'하기 싫은 일 하지만 해야 하는 일'을 해내는 연습 | 아이의 일을 부모가 대신해주는 순간, 아이의 불행이 시작된다 | '실패를 통해 배울 권리'를 빼앗아서는 안 된다

존재를 규정하는 비난에 내몰린 아이, 반항으로 맞서다 • 165
야단을 칠 때는 구체적 사건만 언급해야 한다 | 존재를 규정하는 꾸중은 피하라

부모, 스스로에게 묻다 '나는 1등 부모인가?' • 171
지나칠 정도로 감싸거나, 잔인할 정도로 비난하거나 | 공부 못하는 것이 비난받을 일은 아니다

부모를 실망시키고 싶지 않은 아이, 성적표를 폐기하다 • 176
부모의 자존감을 떨어뜨리는 아이의 성적표 | 성적보다 중요한 것은 욕구를 참아내며 노력했다는 사실

부모와 아이, 말이 아닌 마음을 주고받기로 하다 • 182
아이의 반항심만 높이는 훈계형 대화 | 대화, 말이 아니라 마음을 주고받는 것이다

멸시와 빈정거림에 지친 아이, 차라리 매를 선택하다 • 187
회초리보다 더 견디기 힘든 언어폭력 | 대화를 가장한 폭력

효과 없는 잔소리, 승자 없는 싸움, 마침내 끝내다 • 192
공부도 비즈니스다 | 비즈니스를 성공으로 이끄는 신뢰와 협력

부록 | 우리 교육이 가야 할 길 • 198

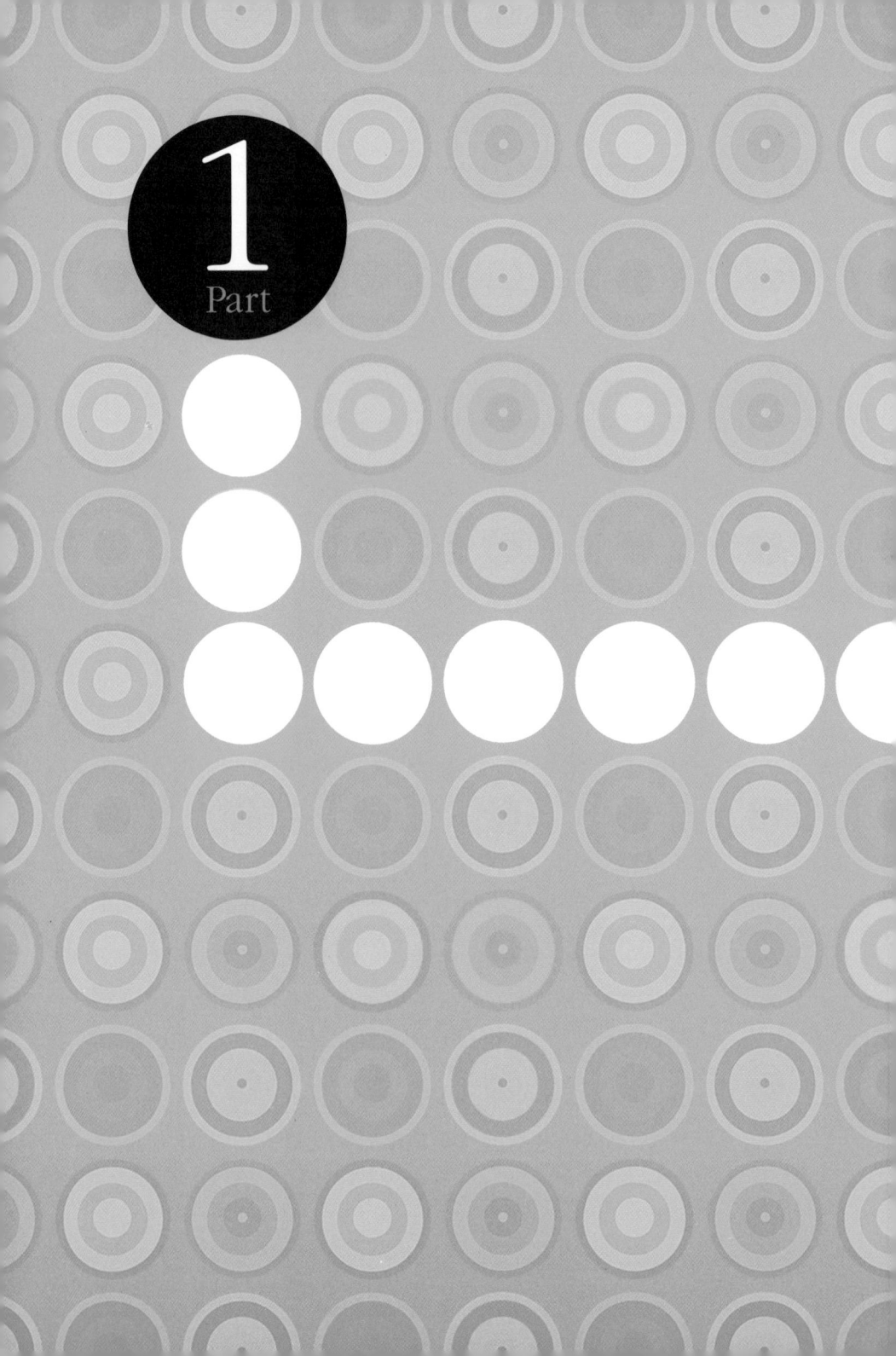

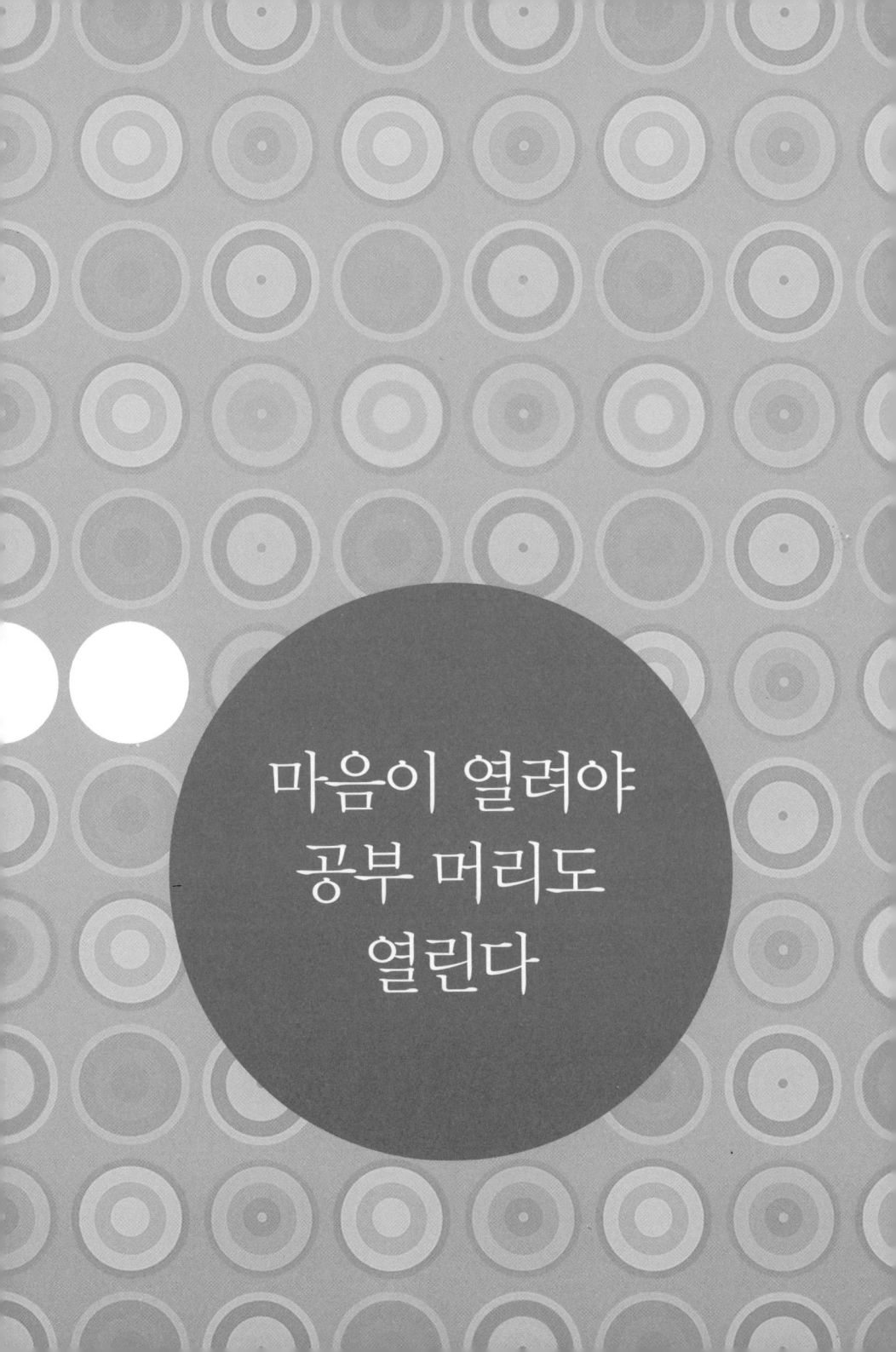

마음이 열려야
공부 머리도
열린다

마음을 연 아이,
　마침내 공부 머리를 열다

대학 다닐 때 친구의 부탁으로 초등학생 과외를 한 적이 있습니다. 원래는 친구가 하던 과외였는데, 자기가 몇 번 가르쳐보다가 도저히 안 되자 그만두겠다고 했더니 아이의 부모가 다른 사람이라도 소개해 달라고 부탁을 해서 내가 대신 하게 된 것이었습니다.

초등학교 5학년 아이인데 수학이 문제라고 했습니다. 이상하게도 한 자리 나눗셈은 곧잘 하는데 두 자리 나눗셈만 나오면 전혀 손을 못 댄다는 것이었습니다. 친구는 몇 번 가르쳐봤지만 도저히 나아질 것 같지가 않아 더 이상 계속할 수가 없다고 했습니다. 아이의 부모도 나름대로 애를 많이 쓴다고 했습니다. 따로 주산 학원도 보내고 과외 선생을 여러 명 붙여보기도 했지만 아이는 한 자리 나눗셈에서 더 이상 나아가지 못한다고 했습니다.

  나는 호기심이 발동했습니다. 도대체 어느 정도 수준이기에 그럴까? 그래서 선뜻 해보겠다고 했습니다. 하지만 어떻게든 가르쳐서 두 자리 나눗셈을 하도록 만들겠다는 마음보다는 왜 한 자리 나눗셈은 하는데 두 자리는 못하는지 그 까닭을 밝혀보고 싶은 마음이 더 앞섰습니다. 일종의 교육학적인 관심이나 탐구심이 일었던 것이지요.

  아이를 가르치기 시작했습니다. 역시 아이는 변화를 보이지 않았습니다. 틀림없이 지난 시간에 여러 번 되풀이해서 가르쳐준 문제인데도 아이는 난생 처음 보는 문제를 대하듯 반응이 없었습니다. 다만 조금 미안해(부끄러워)하는 듯하기도 하고, '어차피 안 되니까…' 하는 자포자기하는 듯한 표정을 보이기도 하고, 이번 선생은 언제 그만두려나 하는 호기심을 보이기도 하는, 하여튼 복잡한 아이의 마음을 느낄 수 있었습니다.

  '무엇이 문제일까? 설명이 어려운 것일까?'

  하지만 아무리 쉽게 설명을 해주어도 아이의 눈빛은 여전히 문제 속으로 파고들기를 거부한 채 겉돌고 있었습니다. 문제를 풀어보려는 진정한 시도를 거부하고 있었던 것이지요. 마지못해 듣는 듯한 자세를 취하고 있긴 했지만, 마음은 '나는 할 수 없어!' 라는 강한 믿음에 사로잡혀 뭔가 해보려는 시도조차 생각하지 않고 있었던 것입니다. 그저 열심히 가르치는 선생에 대한 예의 때문에 문제에 눈길을 주고 있었을 뿐이었습니다.

어떤 경우에도 비난하지 않는다

문제는 심리적인 요인이었습니다. 아이는 '그런 것도 못하냐?'는 비난에 직면하기 싫어 피하고 있었던 것이지요. '해도 안 되는 것을 난들 어떻게 하라고?' 라는 외침으로 자신을 향한 비난에 맞서고 있었던 것입니다. 풀다가 틀려서 비난받기보다는 아예 안 하는 것이 훨씬 더 안전한 선택이었던 것이지요. '어쩔 수 없으니까….' 라는 단념은 아이에 대한 질책을 줄여주고, 아이 역시 그만큼 상처를 덜 입을 수 있었습니다.

동생도 하는 두 자리 나눗셈을 하지 못하는 아이의 심정이 어떠했을까요? 나는 아이가 가장 바라는 것이 비난하지 않는 것이라 생각했습니다. 그래서 나름대로 학습지도의 원칙을 세워보았습니다. 어느 정도의 성과를 거둘지는 모르지만 적어도 아이의 마음에 새겨진 상처만은 아물게 해주자는 결심을 했던 것이지요.

첫째, 아이를 향해 절대로 비난하거나 한심하다는 기색을 내보이지 않는다. 그런 마음조차 갖지 않도록 애쓴다.

둘째, 아이가 할 수 있을 때까지 똑같은 문제를 되풀이해서 풀어준다. 늘 처음 가르친다는 자세로 임한다.

이 두 가지 원칙을 가지고 아이를 가르치기 시작했습니다. 과외 시간마다 똑같은 문제를 가지고 아이와 씨름했습니다. '이거 지난 시간에 한 건데….' 라는 눈빛조차 주지 않았습니다. 마치 커피 자판기가 동전만 넣으면 새로운 커피를 뽑아내듯 아무런 표정의 변화 없이 매번 같은 문제를 풀었습니다. 아이가 못 풀고 있으면 "잘 안 되니?"라는 따뜻한 위로와 함께 되풀이해서 똑같은 설명을 해주었습니다.

시간이 많이 흘렀습니다. 그런데도 아이에게서는 별다른 변화의 조짐이 보이지 않았습니다. 정말 갑갑한 상황이었습니다. 나는 아이가 아니라 나 자신과 싸우고 있었습니다. '절대로 겉으로 드러내서는 안 된다!' 는 생각과 함께 매번 처음 하는 듯한 표정과 분위기를 지켜나가기 위해 거의 도를 닦는 듯했습니다. 아이를 생각하면 갑갑해지는 마음까지 바꾸기 위해 아이를 생각하면서 유쾌한 웃음을 지어내는 훈련도 했습니다. 무의식중에라도 아이에 대한 비난이나 무시가 전달되지 않도록 하기 위해서 말이지요.

매번 똑같은 문제를 설명한다는 것은 나 자신에게도, 심리적으로도 못할 짓이었습니다. 어느 순간 내가 마치 바보가 된 듯한 감정에 사로잡힐 때도 있었습니다. 이쯤에서 정신 나간 짓 그만하고 적당히 손 떼는 것이 현명한 일이라는 생각이 시도 때도 없이 나를 유혹했습니다. 어떨 때는 '이 아이가 나를 갖고 노는 것은 아닐까?' 하는 생각도 들었습니다. 어쩌면 아이가 도리어 '이 선생 바보 아냐? 맨날 똑같은 문제만 풀게' 라는 생각을 하고 있을지도 모른다는 생각이 들기도 했습니다.

몇 달이 지났습니다. 두 자리 나눗셈 문제를 대할 때면 아이의 눈빛에 자동적으로 스치던 낙심과 절망, 거부감 같은 표정이 조금씩 사라지기 시작했습니다. 마치 처음 푸는 문제를 대하듯 정말 자연스럽게 문제를 대하기 시작했습니다. 그리고 내 마음도 많이 편해졌습니다. 아이의 마음이 열리기 시작했던 것이지요.

더 이상 두 자리 나눗셈 때문에 자신이 비난과 조롱의 대상이 되지는 않는다는(적어도 나와의 관계에서는) 안도감이 아이의 마음을 풀어버린 것입니다. 마음이 풀리자 머리도 반응하기 시작했습니다. 얼마 지나지 않아 아이는 두 자리뿐 아니라 세 자리 나눗셈도 풀기 시작했습니다.

공부에 대한 정서적 거부감,
그 높은 벽을 허물다

플라시보 효과라는 것이 있습니다. '플라시보placebo'란 말은 '마음에 들게 하다, 즐겁게 하다'라는 뜻을 지닌 라틴어인데, 약효가 전혀 없는 가짜 약을 진짜처럼 속여 환자에게 먹였을 때 환자의 병세가 좋아지는 경우를 가리켜 플라시보 효과라고 합니다.

의학계의 보고에 따르면, 고통이 아주 심한 암환자에게 생리식염수를 새로 개발한 특수한 진통 주사제라고 속여 투여하면 실제로 진통 효과를 보는 경우가 아주 많다고 합니다. 곧 마음을 편안하게 해줌으로써 몸의 질병 치료에 효과를 본다는 이야기입니다. 환자가 약을 먹을 때 이 약을 먹으면 반드시 나으리라는 믿음과 확신을 갖고 있으면 비록 그 약이 가짜라 하더라도 효과를 낸다는 것입니다. 이는 사람의 몸이 마음에 의해 영향을 받고 있음을 보여주는 증거이고, 마음의 힘이 몸의 한계를 넘어서게 한다는 동양적 사고방식의 타당성을 보여주는 예이기도 합니다.

사실 마음이란 눈에 보이지 않기 때문에 그 존재를 설명하기가 아주 어렵습니다. 이 때문에 보이는 것을 중요하게 생각하는 근대 서구적(과학적) 사고방식은 마음의 존재를 육체(뇌세포)가 일으키는 물질적(화학적) 반응에 지나지 않는다고 보았습니다.

그러나 동양의 전통적 사고방식이나 근대 이전의 서구적 사고방식에서는 보이지 않는 마음이야말로 보이는 몸의 주인이라 믿었습니다. 따라서 아무리 훌륭한 약이라도 믿음(마음)이 없으면 효과는 떨어지게 마련이라고 생각했습니다. 그래서 우리 조상들은 깨끗한 물에 약을 달이고 몸을 깨끗이 씻음으로써 마음을 먼저 움직이게 한 다음 약을 먹었던 것입니다. 이러한 믿음과 기원이 약효에 플러스 알파가 되었음은 너무도 당연하겠지요.

공부를 방해하는 부정적 자기 인식

머리가 '깡통'인 아이가 있었습니다. 학교에서 시험을 보면 빵점 받아오기가 일쑤였지요. 그런데 신통하게도 각 방송국의 일주일치 텔레비전 프로그램은 훤히 꿰고 있었습니다. 주변 사람들은 '그 머리로 구구단이나 외우지!' 하며 한마디씩 했습니다. 그렇다면 이 아이는 왜 공부를 못하는 것일까요? 머리가 나빠서일까요?

사실 공부하는 데 있어 가장 큰 걸림돌은 지능이 아니라 '나는 안 돼'라는 정서적 거부감입니다. 공부라는 말을 듣는 순간 '나는 어차피 안 돼'라는 본능적 거부감과 함께 자신에 대한 절망감에 빠져드는 아이에게는 아무리 훌륭한 선생이 아무리 쉽게 가르쳐도 소용이 없습니다. 아이의 마음이 이미 공부에 대해 문을 닫고 있기 때문이지요. 그 어떤 것도 받아들이기를 거부하는 아이에게 가르침의 기법이 무슨 큰 힘을 내겠습니까?

이런 아이에게는 당장 무엇인가를 가르치려 하기보다 그 아이가 갖고 있는 공부에 대한 정서적 거부감부터 없애주는 것이 급선무입니다. 문이 닫혀 있을 때에는 문을 여는 것이 먼저인 것처럼 말이지요. 일단 아이에게서 '나도 할 수 있다. 그래서 하고 싶다'는 마음의 변화부터 끌어내야 합니다.

하지만 '너는 안 돼'라는 사람들의 평가에 익숙한 아이의 마음은 '나는 할 수 있어, 하고 싶어'라는 긍정적인 방향으로 쉽게 돌아서지 못합니다. 오히려 자신에 대한 비난과 평가를 피하기 위해 아예 시도조차 해보지 않는 쪽으로 방향을 틀게 마련입니다. 그래야만 '안 해서 그런 거야'라는 한 가닥 변명거리라도 확보할 수 있기 때문이지요. 그래야 무너지는 자존감을 지탱할 수 있기 때문이지요.

'공부를 못하는 것은 단지 안 해서 그런 것이고, 하려고 들면(다른 일들은) 잘할 거야' 라는 위로조차 없다면, 아이는 공부를 못한다는 것 때문에 인생의 다른 모든 부분에서까지 패배자로 낙인 찍혀야 합니다. 끔찍한 일이 아닐 수 없지요. 단지 공부 하나 때문에 아무 쓸모없고 가능성이 없는 낙오자로 규정받아야 하고, 실제로 그렇게 살 수밖에 없다면 너무 억울하지 않을까요?

'넌 이것도 못하냐?' 는 말과 눈총을 골백 번 받아온 아이는 공부로부터 도망가려는 본능이 강할 수밖에 없습니다. 거기에다 대고 아무리 어르고 달래고 윽박질러 봐야 소용이 없습니다. 공부라는 말에 대해 아이의 마음이 이미 강력한 방어막을 만들어놓은 상태이기 때문이지요. 그리고 아이의 마음이 거부하고 있는 이상, 아이의 머리는 아무것도 받아들일 수 없게 되고 맙니다.

그런데 가르치는 사람이나 부모가 아이의 이런 공부 심리를 모른다면 아이에 대한 감정적 평가는 더욱 나빠질 수밖에 없습니다. '다른 집 애들은 이 정도 가르치면 대충 알아듣는데 어떻게 얘는 이 모양일까? 전혀 뇌가 작동을 안 하는 것 같구나, 정말 골통이구나' 라는 생각이 들 수밖에 없는 것입니다.

자존감 높은 아이가 공부도 잘한다

아이는 부모의 인식을 그대로 비춰주는 거울과 같습니다. 부모가 아이를 향해 '너는 애가 왜 늘 그 모양이니?' 하는 식으로 무시

공부의 가장 큰 걸림돌은 지능이 아닙니다. '나는 해도 안 돼'라고 믿고 있는 아이의 마음입니다. 아이의 마음이 거부하고 있는 이상 아이의 머리는 아무것도 받아들이지 못합니다. 그렇기에 가장 먼저 열어야 할 것은 아이의 머리가 아니라 공부 때문에 상처받은 아이의 마음입니다.

하고 멸시하는 태도를 보이면, 아이는 자신이 바보고 멍청이라는 부모의 인식을 그대로 받아들이고 맙니다. 아이란 존재는 절대적으로 부모에게 의존해야만 살 수 있는 상황에 처해 있기 때문에 감히 부모의 견해에 반대한다는 것은 상상조차 할 수가 없기 때문이지요. 물론 나이가 들어 청소년기에 이르면 반항과 분노로 대처하게 되겠지만 말입니다.

이렇듯 아이는 부모의 인식을 그대로 받아들이기 때문에 부모가 아이에게 공부를 못한다고 구박하는 만큼 아이는 공부를 더 못하게 됩니다. 공부 못한다는 부모의 구박(기대)에 부응하기 위해 아이는 철저히 자신을 망가뜨리게 되는 것이지요.

사람의 능력은 자존감에서 비롯됩니다. 그리고 자존감은 어린 시절 부모의 인정을 통해 만들어집니다. 부모가 아이를 인정해줄 때 아이는 무언가를 시도해보려는 에너지를 얻게 되는 것이지요. 반대로 아이의 실패에(성적이 부모의 기대에 못 미치는 것에) 대한 부모의 경멸과 구박은, 아이에게 일종의 낙인이 되어 더 이상 무엇을 시도하려는 에너지마저 고갈시키고 맙니다. 결국 공부 좀 잘하라는 부모의 윽박지르기는 아이의 성적을 올리기보다는 오히려 아이를 망가뜨리고 있는 셈이지요.

'넌 이것도 못하냐!' 는 눈길과 암시는 아이를 점점 더 공부에서 멀어지게 만들고 맙니다. 따라서 부모가 취해야 할 우선적 태도는 아이를 향한 감정적 판단을 완전히 버리는 것입니다. 그리고 늘 처음인 듯이 대하고 가르치는 것입니다. 공부에 대한 정서적 거부감이 뿌리 깊이 박혀 있는 아이에게 '바로 어제 공부한 건데 모르겠어?'와 같은 말이나 눈길은 정말이지 치명적입니다.

아이가 모르면 모르는 대로 인정해주고 가르치면 됩니다. 아이가 이해할 때까지, 정말 처음 가르치는 내용인 것처럼 계속 되풀이해줄 수 있어야 합니다. 그래야만 아이 마음속의 커다란 벽, 공부에 대한 정서적 거부감을 없앨 수 있습니다.

긍정적 암시를 받은 아이
'할 수 있다'를 외치다

뇌에 관한 세계적 권위자인 하버드대학의 윌리엄 제임스 교수에 따르면 아무리 사소한 생각이라도 예외 없이 인간의 두뇌 구조를 변화시켜 흔적을 남긴다고 합니다. 그리고 그 사소한 흔적들이 쌓여 삶의 변화를 가져온다고 합니다. 곧 우리가 어떤 생각을 되풀이해서 뇌 조직에 깊이 새겨놓으면 그 생각에 따라 성격이 바뀌고, 능력이 달라지고, 마침내 인생의 패턴이 바뀌게 된다는 것입니다. 일종의 암시 효과인 셈이지요.

우리는 늘 주위 환경으로부터 암시를 받고 있습니다. 의식적이든 의식적이지 않든, 우리가 듣고 보고 생각한 모든 것들은 스스로에게 암시가 되어 잠재의식에 그대로 전해집니다. 그리고 그 내용들은 고스란히 행동과 삶에 영향을 미칩니다. 다만 우리가 그

진행과정을 알아차리지 못하고 있을 뿐인 것이지요. 그래서 어떤 말을 많이 듣고, 어떤 말을 많이 하고, 어떤 생각을 많이 하느냐 하는 문제는 삶에서 아주 중요합니다.

 어릴 때부터 부모로부터 '너는 늘 하는 게 그 모양이냐? 누굴 닮아 저럴까!' 라는 말을 많이 듣고, 그래서 자신도 모르는 사이에 부정적 암시에 길들여진 아이는 삶에 대한 자신감을 잃고 언제나 부정적인 생각을 하게 되어 스스로 성장의 가능성을 포기해버리는 불행한 사람이 될 가능성이 높습니다.
 그러나 어릴 때부터 부모로부터 '그래, 하면 된다, 한번 해봐라, 너는 이걸 참 잘하는구나' 같은 긍정적 암시를 많이 받고 자란 아이는 삶에 대한 자신감을 갖고 모든 것을 긍정적으로 생각해 자신의 성장 가능성을 계속 키워나갈 수 있는 행복한 사람이 됩니다.

일생을 좌우하는 말 한마디

 사람의 삶은 선택의 연속입니다. 따라서 할 수 있으면 자신에게 유익한 것을 선택해 삶을 더 좋게 만들어가야 합니다. 그런데 '나는 안 돼' 라는 부정적 암시에 길들여진 사람에게 과연 더 나은 선택을 위한 고민과 노력이 있을 수 있을까요? 도전하고 새롭게 만들어보려고 노력하기보다는 있는 그대로 내버려둔 채 자신의 신세를 한탄하거나, 다른 사람 탓을 하거나, 어떤 이유를 들어가면서 자신의 처지를 변명하려는 태도를 갖기 쉬울 것입니다.

　자신의 삶을 자꾸 주저앉히고, 뭔가 개척할 여지에 대해서는 스스로 눈감아버리는 자세만큼 인생에서 불행한 것은 없겠지요. 그런데 이러한 삶의 태도가 아주 보잘것없는 말 한마디로 시작될 수 있다는 사실에 사람들은 주의를 별로 기울이지 않는 것 같습니다. 하찮은 말 한마디가 어떻게 사람의 성격과 능력과 인생을 바꿀 수 있겠느냐고 생각하기 때문이지요.

　그 사람이 사용하는 언어 습관을 분석해보면 그 사람의 성공을 짐작할 수 있다고 합니다. 성공하는 사람은 결코 자신을 갉아먹는 부정적인 말을 하지 않습니다. 대신 언제든지 열린 가능성을 자신에게 일깨워주면서 새로운 삶의 길을 찾습니다. 따라서 그 사람에게는 늘 삶의 문제에 대한 해결책이 뒤따르게 됩니다.

　그러나 실패하는 사람은 부정적인 말을 계속해서 되풀이함으로써 자신의 몸과 마음을 힘들게 합니다. '나는 왜 이 모양이지?' 라는 한탄을 하며 누구 때문에 자기가 이렇게 되었는지에 대한 계산에만 집중합니다. 따라서 이런 사람에게는 삶의 문제에 대한 해결책이 없고 맙니다. 단지 자신의 불행한 상황에 대한 변명과 책임 떠넘기기가 있을 뿐이지요.

　미국의 어느 트럭 서비스 회사는 운송계약을 제대로 지키지 못하는 바람에 해마다 25만 달러에 달하는 손실이 생겨났다고 합니다. 원인을 조사해보니 컨테이너 작업 인부들이 일을 제대로 하지 않기 때문인 것으로 드러났습니다. 그래서 인부들의 호칭을 '장인匠人'으로 바꾸어 부르기로 했습니다. 호칭을 바꾼다고 무슨 효과가 있겠느냐고 코웃음 치는 사람들이 많았습니다. 하지만 호칭을 바꿔 부른 지 한 달 만에 배송 관련 실수는 10%로 줄어들었다고 합니다. 말에는 틀림없이 에너지가 있습니다.

그래 해봐! 할 수 있을 거야!

우리가 부정적인 자극이나 메시지를 계속해서 접하게 되면 두뇌에서 미세한 인식의 차이가 생겨나 우리 몸의 신호 체계가 나쁘게 바뀐다고 합니다. 그렇게 되면 아이들은 학습능력이 떨어지고, 행동이 경망스러워지며, 성격이 차분하지 못하고 들뜨게 됩니다. 부정적인 생각이나 말이 아이의 성격과 능력에 영향을 준다는 이야기입니다.

사실 공부를 잘하고 못하고는 지능의 문제가 아닙니다. 우리나라 학교 교육이 대단한 지능을 필요로 할 정도로 복잡하고 어려운 것이 아니기 때문이지요. 어느 정도의 지능이면 노력을 통해 해결할 수 있는 것이 오늘날의 학교 교육입니다.

따라서 지능이 떨어져 좋은 성적이 나오지 않는다는 것은 별로 설득력이 없습니다. 또 사람의 지능에 대한 측정이란 것이 절대 변하지 않는 가치를 갖는 것도 아닙니다. 측정 방식의 문제도 있지만 개인의 지능 자체가 끊임없이 변하기 때문에 어릴 때 한 번 측정한 값을 가지고 지능 운운하는 것은 큰 의미가 없다는 이야기입니다.

성적은 지능의 문제라기보다는 오히려 의식과 태도의 문제입니다. 어떤 이유에서든 어려서부터 '나는 못해, 공부가 싫어'라는 암시를 끊임없이 해왔거나 받아온 아이에게는 그 어떤 처방도 효과를 보기가 힘듭니다. 아무리 시간을 들여 공부를 해도, 뛰어난 실력을 가진 과외 선생을 붙여도 좋아지기 힘들다는 것이지요. 많은 부모들이 아이의 공부 때문에 절망에 빠지는 이유도 바로 이 때문입니다.

문제는 의식입니다. 아이가 '나는 공부가 싫어, 나는 안 돼'라고 스스로를 단정 짓고 지속적으로 되새김질(자기암시)하고 있는 상황에서 기대할 수 있는 것은 아무것도 없습니다. 아이 자신이 암시하는 대로 공부를 싫어하고 공부를 못하게 되는 것 말고는 말이지요. 따라서 이런 심리적 상태를 먼저 해결하지 않고는 '공부 못하는 아이'라는 틀 속에서 결코 빠져 나올 수 없습니다. 스스로 자신의 한계를 만들어놓고 뛰어넘기를 거부하는 아이에게는 백 가지 약이 아무 효과가 없다는 이야기입니다.

아이의 생각을 바꾸게 해야 합니다. '난 할 수 있어'라고 자꾸만 되새기게 해야 합니다. 물론 하루아침에 생각을 바꾸게 할 수는 없을 것입니다. 하지만 작은 물방울이 떨어지고 떨어져 결국에는 바위에 구멍을 낸다는 사실을 기억하면 충분히 할 수 있는 일입니다. 시간과 노력을 들이기만 한다면 말이지요.

그리고 부모도 생각을 조금 바꾸면 어떨까요? 마음 깊숙한 곳에서부터 '우리 아이는 할 수 있어!'라고 믿어주는 연습을 해나가는 것입니다. '그래, 한번 해봐. 너라면 할 수 있어', '그래, 잘될 거야', '넌 그런 것을 참 잘하더라' 같은 이야기를 아이에게 자주 진심으로 해주는 것입니다. 이러한 진실이 아이에게 전해질 때 아이는 부모가 생각하는 그 진실대로 성장해갈 것입니다.

엄마, 효과 없는 잔소리 대신 공부에 도움이 되는 일들을 시작하다

우리가 흔히 쓰는 표현 가운데 '적당히'라는 말이 있습니다. 커피에 설탕을 얼마나 넣을지 물었는데 '적당히요'라고 대답한다면, 도대체 몇 숟갈을 넣어야 할까요?

한 숟갈을 넣었더니 어떤 친구는 좋아하고 어떤 친구는 너무 쓰다고 투덜댑니다. 제각각 반응이 다르지요. 이처럼 '적당히'라는 말은 듣기에는 아주 그럴 듯하나 실제 행동으로 옮기는 데에는 어려움이 많이 따릅니다.

부모는 아이가 늘 공부하는 모습을 보고 싶어합니다. 몇 시간이고 꼼짝도 않고 자리에 앉아 공부만 하는 아이를 보면서 부모는 세상을 다 가진 듯한 기쁨을 만끽할 것입니다.

그런데 자기 아이가 세상에서 가장 오래 앉아 공부하는 아이이기를 바라는 부모의 기대가 강하면 강할수록, 아이가 공부하지 않고 책상을 비우고 노는 시간이 길어질 때마다 부모가 감당해야 하는 불안감도 더욱 커지게 마련입니다. 그래서 아이의 공부하는 모습에 너무나도 굶주려 있는 부모들은 이렇게 아이를 타이르게 됩니다.

"너무 노는 거 아니니? 적당히 놀고 공부 좀 하지."

반면에 언제나 성적이라는 무거운 짐을 내려놓지 못하고 사는 공부에 지친 아이는 곧바로 이렇게 반응합니다.

"얼마 놀지도 못했는데 또 공부하라고? 지겨워 죽겠어!"

부모에게는 아이의 공부가 늘 반짝 공부이고, 쥐꼬리만큼 하다가 마는 것으로 보이기 쉽습니다. 부모는 아이에 대한 공부 기대치를 언제나 상향 조정하려는 심리를 갖고 있기 때문이지요. 하지만 아이에게는 노는 것이야말로 반짝이고 쥐꼬리만큼입니다. 공부 기대치를 늘 하향 조정하려고 하는 것이 보통의 아이들이 갖고 있는 심리이기 때문입니다. 그래서 '맨날 공부만 하래'라는 볼멘소리를 하게 됩니다.

따라서 부모와 아이가 공부에 대한 이러한 간격을 그대로 둔 채 서로를 향해 '적당히'라고 아무리 외쳐봐야 소용이 없습니다. 상대방에 대한 불신과 원망만 키워갈 뿐이기 때문입니다.

공부에 대한 생각이 서로 다른 부모와 아이

부모의 눈에는 제발 적당히 놀고 공부도 좀 했으면 좋겠는데, 아이는 그저 놀기만 하고 공부할 생각은 털끝만큼도 없어 보입니다. 이런 아이를 보고 있노라면 '어쩌면 저렇게 철이 없을까?' 라는 한숨과 탄식이 절로 나오고 말지요. 그렇다 보니 아이만 보면 '공부 얼마나 했다고 또 노냐?' 라고 소리치고 맙니다.

반면 아이의 눈에 부모는 공부만 하라고 하는 사람으로 비치기 쉽습니다. 사람이 공부도 해야겠지만 적당히 놀고 쉬기도 해야 하는데 엄마는 그저 눈만 마주치면 공부하라고 들볶기만 합니다. '사람이 어떻게 계속 공부만 하고 살 수 있냐고? 나도 할 만큼은 하는데….' 아이는 자신의 사정은 몰라주고 공부 안 한다고 타박만 하는 부모가 한없이 밉기만 합니다.

이렇듯 부모와 자식은 서로를 향해 '적당히 좀 했으면….' 하고 있습니다. 서로 상대방을 탓하며, 자기 마음을 몰라주고 자기 멋대로 하려고만 한다며 속상해하는 것이지요. 그렇다 보니 아이는 해도 해도 너무한다고 으르렁거리게 되고, 부모는 아이의 무모함과 철없음에 대해 화가 나고 속절없이 자기 속만 태우게 되는 것이지요.

특히 방학이 되면 부모와 아이가 얼굴을 마주할 시간이 많아집니다. 공부하는 시간을 놓고 벌어지는 날카로운 신경전이 더욱 많아지는 시기지요. 그래서 부모로서는 방학이 지겹기도 합니다. '차라리 학교에 가고 없으면 공부 안 하고 빈둥거리는 꼴을 안 보니 속이나 덜 썩을 텐데…' 하는 것이 부모들의 솔직한 마음이기도 합니다.

그래서 나온 차선책이 학원입니다. '아무리 그래도 학원에 가서 앉아 있다 보면 지가 뭐라도 하겠지'라는 믿음에 기대는 것이지요. 게다가 적어도 빈둥거리는 '꼴'을 보면서 속상해하는 일은 피할 수 있으니까요.

하지만 이것은 문제를 해결하는 것이 아닙니다. 문제를 피하는 것일 뿐입니다. 학원에 가서 아이가 열심히 하리라는 보장도 없거니와 또 학원에 가서 앉아 있다고 해도 스스로 의욕을 갖고 공부하지 않으면 성적은 올라가지 않기 때문입니다. 그저 부모의 안타까움과 절망을 슬쩍 떠넘길 수 있는 면피용 대응 방안에 그치고 만다는 것이지요.

잔소리보다는 실제적으로 공부에 도움이 될 만한 것들을 찾아보자

현실을 똑바로 보아야 합니다. 공부 안 한다고 아무리 꾸중해봤자 아이가 더 나아지지 않는다면 꾸중이 무슨 의미가 있을까요? 공부하라는 잔소리가 아무런 효용가치 없는 방법임을 날마다 몸

공부하라는 부모의 애정 어린 잔소리가 어느새 아이 마음에 벽을 만들어버렸습니다. 이제 그만 효과 없는 잔소리는 내려놓고 정말로 아이의 공부에 도움이 되는 일들을 찾아보아야 합니다.

소 검증하면서도 그 잔소리를 그만두지 못하는 것은 무슨 이유일까요? 달리 아이의 공부를 돕기 위해 할 수 있는 방법이 없어서일까요?

많은 것을 기대하는 욕심을 조금 내려놓으면 어떨까요? 아이에 대한 기대치를 조금만 낮추는 것입니다. 그리고 아이와 함께 실제로 공부에 도움이 될 만한 일들을 찾아보는 것은 어떨까요? '공부를 많이 하는 아이'라는 관점에서 '조금씩이라도 꾸준히 하는 아이'라는 관점으로 시각을 돌려보는 것입니다. 그러면 아이를 칭찬하고 긍정적으로 대할 수 있는 여지가 많이 생기게 될 것입니다.

공부는 한꺼번에 많이 하는 것보다 하루 30분이든 1시간이든 할 수 있는 만큼 꾸준히 해나가는 것이 중요합니다. 물론 이때 하는 공부는 의욕을 갖고 스스로 하는 공부여야 하고, 집중력 있게 하는 공부여야 합니다.

그러려면 먼저 아이가 공부에 전념할 수 있는 시간이 얼마나 되는지 아이와 함께 진지하게 고민해보아야 합니다. 그리고 서로 협의해 시간을 정했다면(이때 부모는 아이의 공부에 대한 기대치와 눈높이를 낮춰야 하겠지요), 그 시간만큼은 꾸준히 공부할 수 있도록 하고 나머지 시간은 마음대로 하도록 자유를 주어야 합니다. 아이는 자신이 누릴 수 있는 자유시간을 보장받기 위해서라도 정해진 시간만큼은 열심히 공부할 가능성이 아주 높습니다.

그리고 부모 역시 아이가 정해진 시간 동안 꾸준히 공부할 수 있도록 도와주어야 합니다. 아이가 공부할 수 없는 상황이 생기지 않도록 배려하고, 만약 그런 상황이 생기면 어떻게 해결해야 할지 아이와 함께 고민해보는 것입니다. 나아가 부모 욕심에는 차지 않는 적은 시간이라 하더라도 아이가 정해진 시간만큼 열심히 공부를 했다면 격려와 칭찬을 아끼지 말아야 합니다. 이런 과정을 통해 아이는 마침내 공부에 대해 닫아 놓았던 마음의 문을 열게 될 것입니다.

격려의 심리학,
드디어 아이가 변하기 시작하다

"점수가 이게 뭐냐? 이 정도밖에 못하냐?"

한심하다는 듯한 부모의 표정이 가져다주는 무게는 천근만근입니다. 아니, 부모의 말소리에서 묻어나는 절망감만으로도 아이는 이미 죽고 싶은 심정일 것입니다. 아이의 입장에서 부모가 자기를 인정해주지 않는다는 것보다 더 큰 좌절은 없으니까요. 여기에다 자신의 성적 때문에 절망하고 괴로워하는 부모에 대한 자책감까지 더해지면 아이는 더욱 힘들어지고 맙니다.

사람을 움직이는 가장 큰 힘은 칭찬이라고 합니다. 따라서 아이가 공부를 잘할 수 있도록 하기 위해 부모가 할 수 있는 가장 좋은 방법도 칭찬입니다. 하지만 칭찬한다는 것이 말처럼 쉽지만은 않습니다. 사실 어느 부모가 자기 자식을 칭찬하고 싶지 않을까요?

문제는 칭찬을 하고 싶어도 칭찬할 만한 게 없다는 것이 문제겠지요. 부모의 입장에서야 아이를 마음껏 칭찬해주고 싶지만 그렇다고 무턱대고 칭찬만 할 수도 없는 것이 사실일 것입니다. 뭔가 칭찬할 만한 것이 있어서 칭찬을 해야 교육적이지 않겠느냐는 생각 때문이지요.

거짓 칭찬보다 참된 격려를 하라

아이가 아주 어렸을 때를 생각해보십시오. 아이가 어떤 행동을 했을 때, 사실 별로 잘한 것도 아니지만(오히려 형편없는 쪽에 가깝지만) 잘했다고 추켜세우며 칭찬하곤 했을 것입니다. 이런 부모의 성원에 힘입어 아이는 곧잘 노래도 하고 춤도 추면서 재롱을 떨었을 것입니다. 그 덕분에 집안이 즐거워지기도 했을 테고요. 이런 것을 생각해보면 칭찬할 것이 없어서 칭찬을 안 한다는 것은 사실이 아닐 가능성이 아주 많습니다.

물론 아이가 조금씩 커가면서 부모의 '공작'은 천천히 효력을 잃어갑니다. 아이도 인지 능력이 발달하면서 자신이 한 행동이 별로 잘한 것이 아니라는 객관적 판단을 하게 되기 때문이지요. 그저 부모가 분위기를 띄워주기 위해 하는 소리라는 것을 눈치 채기 시작하는 것입니다.

그런데도 계속 거짓 칭찬을 하면 어떻게 될까요? 정직하지 못한 칭찬은 시간이 흘러가면서 오히려 아이에게 역효과를 가져옵니다. 아이가 부모를 신뢰하지 않게 되는 것이지요. 칭찬을 남발하는 부모에 대해 아이는 믿을 수 없는 사람이라는 인식을 갖게 되는 것입니다.

잘한다는 부모의 말만 믿고 다른 사람들 특히 또래 앞에서 자랑했다가 놀림의 대상이 되었을 때, 아이가 경험하게 될 난감한 상황을 상상해보십시오. 부모의 판단을 그대로 믿었다가는 언제 무슨 창피와 무시를 당할지 알 수 없다는 처절한 경험 앞에서 아이는 거짓된 칭찬을 남발하는 부모에 대한 불신을 키울 수밖에 없는 것이지요.

이처럼 아이의 기를 살려줘야 한다는 생각에 객관성을 잃은 채 남발하는 일방적인 칭찬은 결코 아이의 성장과 발전에 도움을 주지 못합니다. 칭찬이 도리어 아이의 건전한 자아 발전을 방해하는 결과를 불러일으킨다는 것은 이런 것을 두고 하는 말입니다.

그렇다면 어떻게 해야 할까요? 칭찬할 것이 없으니 칭찬은 하지 말고, 야단칠 것만 눈에 보이니 정직하게 야단만 쳐야 할까요? '정직하지 않게 칭찬해주는 것'은 문제가 되지만, '기대에 미치지 못했더라도 아이를 격려하는 것'은 문제가 되지 않습니다. 오히려 진정성 있는 격려는 칭찬 못지않게 아이에게 의욕과 용기를 불러일으킵니다.

예컨대 60점을 맞아 온 아이에게 '정말 잘하는구나. 대단한걸'이라고 칭찬해줄 수는 없지만 그래도 '우와, 반타작은 넘어섰네. 그래 계속 열심히 하자' 라고 격려해줄 수는 있습니다. 그보다 못한 50점을 맞아 와도 '그래도 반은 건졌구나. 계속 열심히 해보자' 라고 격려해줄 수는 있다는 이야기입니다. 이보다 더 점수가 낮다고요? 그렇다면 이런 것은 어떨까요?

"빵점은 아니네. 하는 만큼 나오는 거니까 더 열심히 하면 다음에는 좋아질거야. 잘해보자!"

아이에게 필요한 것은 성장하려는 의지

아이에게 가장 필요한 것은 성장하고자 하는 의지입니다. 잘했는지 못했는지에 대한 판단은 이미 아이 자신이 내리고 있는 경우가 많습니다. 그런데도 자신이 이룩한 결과에 대해 부모가 어떤 입장을 갖고 있느냐가 아이에게는 중요합니다. 시원찮은 성적 때문에 부모에게 혼나는 것이 문제가 아니라, 부모가 자신을 인정하지 않을지도 모른다는 사실이 아이는 두려운 것입니다.

혼나는 것은 시간이 지나면 끝나지만 부모가 아이를 향해 갖고 있는 평가는 여전히 계속됩니다. 부모가 더 이상 아이를 인정할 수 없다는, 믿을 수 없다는 실망감에 사로잡혀 있을 때, 아이는 부모의 인정을 얻고 부모의 믿음을 회복하기 위해 최선을 다하는 것이 아니라, 자신이 하찮은 존재라는 절망감에 빠지면서 빠른 속도로 자신감을 잃어가고 맙니다.

부모로부터 인정받지 못한 아이는 성장하고자 하는 의지를 갖기 힘듭니다. 성장하고자 하는 의지를 잃어버린 아이에게 부모의 꾸중은 절망과 분노를 생산해내게 하는 독약이 되고 맙니다.

성적이 안 좋다고 말할 때 그것은 '사실'이 아니라 '평가'입니다. 부모의 기대와 욕구에 따라 달라지는 평가란 이야기지요. 30등 하는 아이를 둔 부모에게는 20등이면 꽤 괜찮은 성적입니다. 하지만 20등 하는 아이의 부모에게는 여전히 안 좋은 성적일 뿐입니다. 10등 정도는 되어야 좋은 성적이라 생각하기 때문입니다.

성적 자체는 사실입니다. 하지만 성적이 안 좋다고 말하는 순간, 평가가 되고 맙니다. 이러한 평가는 짐이 되어 아이에게 자신이 인정받지 못하고 있다는 절망감을 갖게 하고 나아가 성장하고자 하는 의지마저 빼앗아버립니다.

결코 아이의 성적이 나쁘다고 말하지 마십시오. 대신 되도록 칭찬을 해주십시오. 도저히 칭찬할 수준이 아니라면 진심으로 격려를 해주십시오. 그리고 좀 더 나아지기 위해 어떻게 해야 할지를 아이와 함께 고민하십시오. 부모가 진정으로 원하는 것이 아이가 지금보다 더 나아지는 것이라면 말입니다.

성적만 생각하던 부모,
참된 교육에 눈뜨다

성적 때문에 스스로 목숨을 끊는 아이들이 끊이지 않고 있습니다. 공부도 썩 잘하는 편인데, 전국적으로 보면 자기보다 못하는 아이들이 수두룩하게 늘어서 있는데도 자살하는 아이들이 있습니다. 성적에 대한 스트레스가 얼마나 컸기에 죽음을 택해야만 했을까요?

언론은 연례행사처럼 입시 위주의 교육이 빚은 참극이라는 말을 되풀이합니다. 그러면서도 한쪽으로는 여전히 입시 경쟁을 부추기는 기사들을 써대고 있습니다. 그리고 정부는 우열반 편성, 학교 간 차등 배점, 외고, 과학고, 자립형 사립고를 비롯해 학생들을 성적에 따라 갈라놓기 위한 갖가지 장치들을 교육 대책이라는 이름 아래 쏟아내고 있습니다.

이러한 언론과 정부의 선전은 학부모들을 불안하게 합니다. 내 아이만 뒤처지는 것이 아닌가 싶어 아이를 교육시키기(점수 따기) 위한 방법들을 여기저기 문의하고, 남들이 하는 만큼은 해주어야 한다면서 적지 않은 돈을 쏟아 붓게 되는 것이지요.

아이의 교육을 위해 숱하게 돈을 쏟아 붓지만 여전히 부모들은 불안하기만 합니다. 아이를 외고에 보내기 위해 유치원 때부터 준비시킨다는 극성스런 부모들의 교육 족보나 스케줄표에 대한 소문을 들으면 더욱 그럴 것입니다. 예컨대 6,7살 때는 ○○영어유치원, 초등학교 저학년 때는 ○○영재학원, 초등학교 고학년 때는 ○○연수원을 통한 어학연수 따위가 그렇습니다.

유치원에 다니는 아이가 10여 군데의 학원 교육을 받는다는 전설 같은 이야기를 들으면서 일반 부모들의 불안은 더욱 깊어질 수밖에 없을 것입니다. 자신의 능력으로는 도저히 그렇게까지 해주기 힘들다는 절망감에 좌절하기도 합니다. 부모 잘못 만나 내 자식이 사회의 낙오자가 될 수도 있다는 자책감으로 가슴에 멍 자국이 만들어지는 것이지요.

죽음으로 몰아붙이는 점수 경쟁

감당할 수 없을 만큼 무겁게 다가오는 자녀 교육에 대한 부담은 자식에게 고스란히 전해집니다. 남들만큼 해주려고 애쓰다 보니 부모의 생활도 말이 아니게 됩니다. 경제적으로나 심리적으로 쪼들릴 수밖에 없는 것이지요. 그렇다고 돈을 쓰는 만큼 아이의 교육이 잘되느냐 하면 그렇지도 않습니다. 그래서 부모는 더욱 절망하게 되는 것이지요.

아이의 성적표가 시원치 않을 때마다 부모는 남들만큼 많이 해주지 못해서 그런 것만 같아 자신에게 화가 나고, 한편으로는 그나마 힘겨운 살림살이에 그렇게까지 해주며 애쓰고 있는데도 좋아지지 않는 점수 때문에 아이에게도 화가 나고 맙니다. 분명히 사회적으로 괜찮은 생활 여건을 갖추고 있는데도 전혀 행복할 수 없는 부모의 모습은 아이에게 큰 멍에가 될 수밖에 없습니다.

나름대로 즐겁고 유쾌하게 살 수 있을 정도로 돈도 많이 벌고 사회적 지위도 갖추고 있지만, 부모는 아이의 교육 때문에 늘 불안하고 초조하기만 합니다. 부모의 행복과 불행이 아이의 점수에 달려 있는 것입니다.

'왜 그 정도밖에 못하냐!' 는 부모의 낙심 섞인 탄식과 질책은 아이에게는 또 하나의 절망이 되기도 합니다. 공부하는 것도 힘들지만 그보다는 자신의 성적 때문에 좌절하고 불안해하는 부모의 모습이 아이를 더욱 고통스럽게 합니다. 부모의 불행이 자신의 성적 때문이라고 생각하기 때문이지요.

사는 것이 힘들고 절망적인 가정의 분위기를 아이는 점수라는 지게로 감당해야만 합니다. 하지만 자신의 지게(점수)로는 그 짐을 더 이상 지탱할 수가 없다는 데서 문제가 발생합니다. 자신의 실력만으로는 집안에 들이닥친 불행을 해결할 길이 없음을 고민하던 아이는 이런 결론에 이르고 맙니다.

만일 내가 없어진다면, 그래서 부모님이 더 이상 내 공부에 신경 쓰지 않아도 된다면, 우리 집은 불행에서 벗어날 수 있지 않을까? 그렇다면 차라리 나 하나 죽어 나 때문에 힘겨워하고 있는 부모님의 짐을 덜어주는 것이 나을 수도 있다. 그래 죽자. 나도 더 이상 힘들게 살고 싶지 않다. 나도 짐을 벗고 부모님도 짐을 벗게 하자. 그렇게만 된다면 나도 부모님도 고통에 시달릴 필요가 없어진다.

아이는 자신의 점수 때문에 부모가 겪는 심리적 불안과 절망을 덜어주는 길은 자신이 조용히 사라져주는 것뿐이라고 결론짓게 됩니다. 아이의 이런 생각이 잘못된 것이기만 할까요?

공부 때문에 벌어지는 사회의 온갖 부조리는 아이가 앓는 병이 아닙니다. 사실은 부모가 앓고 있는 병입니다. 남의 자식 못지않게 키워야겠다는 부모의 욕망이 가져온 병입니다. 좀 더 정확히 말하면, 적어도 남들에게 꿀리지 않을 만큼 훌륭한 자식을 둔 부모가 되고 싶다는 부모의 숨겨진 욕구 때문에 생긴 병인지도 모릅니다.

아이에게 꼭 필요한 것은 부모와의 친밀한 애착관계

모든 아이가 점수 따기에서 1등을 할 수는 없습니다. 1등은 한 명밖에 될 수 없기 때문입니다. 그런데도 우리는 어리석게도 자신의 아이가 점수 따기에서 1등을 해야 한다고, 적어도 지금보다는 더 잘해야 한다고 외치고 있습니다. 그리고 많은 부모들이 그 주술에 광신도처럼 매달리고 있습니다. 그렇다 보니 정작 부모가 아이에게 주어야 할 진짜 소중한 것들은 놓치고 있습니다.

유쾌한 가정이 주는 평안함, 가족 서로에 대한 신뢰감이 주는 안정감, 주어진 것을 즐길 줄 아는 지혜와 여유로움, 스스로 삶을 계획하고 도전할 줄 아는 힘, 실패를 통해 성숙할 줄 아는 현명함과 용기, 무엇보다도 중요한 부모와 자식 사이의 친밀한 애착관계를 비롯해 여러 가지를 말입니다.

사실 사람에게 있어 진짜 중요한 능력은 삶에 대한 이러한 자세가 아닐까요? 삶에 대한 이러한 자세를 가르치는 것이야말로 부모가 아이에게 베풀어야 할 진짜 교육이 아닐까요? 그렇게 해야만 아이가 훗날 부모의 품을 떠나 독립하게 되어도 잘살 수 있게 되지 않을까요? 점수 따기는 학교 다니는 시절 잠깐, 일시적으로 그리고 부분적으로 필요한 것에 지나지 않습니다. 오로지 학교 때의 일시적인 점수가 아이의 모든 일생을 결정짓는다는 주술에 부모가 절대 속아서는 안 됩니다.

부모가 아이를 위해 올인 해야 할 것은 좋은 성적과 좋은 학원이 아닙니다. 오히려 즐거운 가정이 주는 평안함, 가족 간의 신뢰감이 주는 안정감, 주어진 것을 즐길 줄 아는 지혜, 스스로의 삶을 계획하고 도전할 줄 아는 힘, 실패를 통해 배울 수 있는 용기, 그리고 무엇보다도 부모와의 따뜻한 관계입니다.

평생을 훌륭하고 성공적으로 살 수 있기 위해 자녀에게 필요한 것은 자신과 사람과 일과 세상을 다룰 줄 아는 능력입니다. 나중에 어른이 되었을 때 사람과 일을 잘 다룰 줄 아는 능력을 갖춘 사람이 될 수 있도록, 어려서부터 자녀를 준비시키는 것이야말로 부모가 올인 해야 할 교육입니다. 이것이 바로 자녀가 행복해질 수 있는 진짜 능력을 키워주는 일이기 때문입니다.

이러한 능력은 점수 따기에서가 아니라 부모와 자녀 사이의 행복한 인간관계에서 비롯된다는 사실을 깊이 명심해야 합니다.

부모, 아이를 위해 공부하기로 마음먹다

　세상에서 가장 쉬운 일은 남에게 충고하는 것이요, 가장 하기 어려운 일은 남에게서 충고를 듣는 것이라는 말이 있습니다. 어린 시절을 돌이켜봐도 가장 싫었든 것은 엄마의 잔소리(충고)였던 것 같습니다.

　지금 생각해봐도 틀린 이야기가 아니고, 그때도 대개는 맞는 말이라 여겼지만 그래도 엄마의 잔소리는 끔찍한 악몽이었습니다. 더구나 옆집 아이를 내세워 비교하면서 하는 충고라니…. 그것이야말로 분노와 반항심을 키우는 데 뛰어난 효과를 발휘하는 명약이었던 것 같습니다. 우리가 그랬듯이 지금 아이들도 가장 견디기 힘든 것이 엄마의 잔소리라고 합니다.

　"공부 좀 해라!"

말이야 참 쉽습니다. 하지만 실천하기가 어디 쉬울까요? 그런데 엄마는 하기 쉬운 말이라고 공부하라는 소리를 남발하고, 아이는 아이대로 하기 싫은 것을 자꾸 하라니 짜증나고 힘들어만 합니다. 그런데 공부하기가 왜 그리도 힘들까요? 엄마들이 흔히 하는 말이 있습니다.

"우리 애가 머리는 좋은데 공부를 안 해서…."

맞는 말입니다. 대한민국의 교육이라는 것이 머리가 뛰어나게 좋은 아이들만 할 수 있을 정도의 어려운 내용을 가르치는 것이 아니기 때문에 공부를 못하는 이유가 안 하기 때문이라는 말은 정확한 지적입니다.

그런데 문제는 공부를 '안 하는 것'에 대해 어떻게 달리 처방할 방법이 없다는 사실이며, 그래서 부모들은 절망하고 만다는 것입니다. 기껏 하는 처방이 끝없는 잔소리 아니면 학원에다 떠넘기기입니다.

아이들은 왜 공부를 하지 않을까요? 물론 하기 싫기 때문이겠지요. 그렇다면 왜 하기 싫을까요? 엄마 입장에서야 공부가 왜 그리도 싫은지 이해가 가지 않을 수도 있습니다.

'아니 설령 하기 싫다고 해도 장래를 생각한다면 해야 하는 것 아닌가, 부모는 뭐 하고 싶어서 직장에 나가 일하고 새벽밥해서 먹이는가, 조금이라도 생각이 있으면 자기 할 일이 무엇인지 생각해서 해야 하는 것 아닌가, 부모가 고생하는 모습을 보면 아이도 공부를 열심히 해줘야 하는 거 아닌가' 하는 것이 부모들의 생각일 것입니다.

어쩌면 공부를 안 하는 이유가 아이의 타고난 성향과 소질이 공부와 맞지 않기 때문일 수도 있을 것입니다. 하지만 성향과 소질이 안 맞으면 누구나 다 못하는 것인가 하면 그런 것도 아닙니다. 세상일이라는 것이 자기가 하고 싶은 것, 소질에 맞는 것만 하면서 살 수 있는 것은 아니기 때문이지요. 자기 취향에 안 맞는다고 하면서도 나름대로 성과를 거두는 사람들이 세상에는 참 많습니다.

그렇다면 문제는 소질이나 성향, 지능이 아니라 힘들고 하기 싫은 것은 아예 해보려고도 하지 않는 아이의 태도에 있다는 이야기가 됩니다. 하기 싫어도 해야 하는 일이라면 어느 정도는 참고 스스로 해보려는 자세, 힘들지만 필요하다면 극복해보려고 애쓰는 힘이 부족하기 때문이란 것이지요.

아이의 태도를 바꾸는 가장 좋은 방법은 부모의 모범

해보려고 시도조차 하지 않는 아이를 어떻게 하면 해보도록 만들 수 있을까요? 참으로 어려운 문제입니다. 그저 손쉽게 할 수 있는 방법이라고는 아이를 윽박지르거나 아이가 원하는 물건을 미끼로 쓰는 것이 고작이겠지요. 그도 시원치 않으면 이 학원 저 학원으로 아이를 내모는 것이겠지요. 하지만 아이를 진정으로 움직이게 하는 것은 선물도 학원도 아닙니다. 그것은 부모 자신에게 달려 있습니다.

세상에서 아이에게 가장 큰 영향을 미치는 사람은 부모입니다. 부모의 유전 형질을 받아서 그렇기도 하겠지만 더 의미 있는 이유는, 아이에게 있어서 부모는 늘 보고 배울 수밖에 없는 존재이기 때문입니다. 아이는 부모가 하는 모든 모습을 보고 배웁니다. 싫어하든 좋아하든 배우게 되어 있습니다. 본인이 의식하든 의식하지 않든, 아이는 부모가 하는 행동과 습관을 따라가기 마련인 것이지요.

그렇다면 아이의 태도를 바꾸는 가장 좋은 방법은 아이가 했으면 하고 바라는 것을 부모가 먼저 하는 것입니다. 즐겁게 공부하는 아이의 모습을 보고 싶다면 부모가 먼저 즐겁게 공부하는 모습을 보여주면 됩니다.

꼭 공부만이 아닙니다. 무슨 일이든 의미 있는 일을 설정하고 그것에 즐겁게 빠져드는 모습을 부모가 보여줄 때, 아이는 삶을 긍정적으로 대하고 도전하는 모습을 익히게 됩니다. 부모 자신은 공부하기 싫어하고 어쩔 수 없이 투덜대며 사는 모습을 보여주면서 아이에게는 그렇게 하지 말라고 한다면 아무 설득력이 없습니다.

죄책감으로는 아이의 태도를 달라지게 할 수 없다

부모라는 존재는 자식을 위해 즐겨 고생하면서도 한편으로는 그 고생의 대가를 자식을 통해 보상받으려는 심리를 갖고 있습니다. 이 때문에 아이는 미안함과 더불어 스트레스를 받게 됩니다. 그리고 부모는 아이의 이러한 미안한 마음을 무기 삼아 아이에게 공부할 것을 강요하기도 합니다.

하지만 부모의 이런 태도는 아이의 행동을 좋게 고치는 데 그다지 영향을 미치지 못합니다. 물론 아이가 죄책감 때문에, 부모에 대한 미안함 때문에 공부를 좀 더 하는 척할 수는 있겠지요.

하지만 그것은 결코 진심이 아닙니다. 진심이 아니기에 공부가 힘들어지고 어려워지면, 그래서 자기가 불행하다고 느끼게 되면 아이는 그 상황을 벗어나기 위해 부모가 자신에게 했던 것과 똑같은 방식으로(상대방의 미안한 마음과 죄책감을 이용해) 문제를 해결하려 들 것입니다. 그리하여 부모를 향해 이렇게 외치게 되는 것이지요.

"내가(부모 때문에) 이 고생(공부) 하는데, 사 달라는 것도 다 안 사주고 나한테 해준 게 뭐가 있어!"

아이는 다른 부모들이 자식에게 쏟아 붓는 정성과 투자보다 늘 덜해 보일 수밖에 없는 자기 부모에 대한 불만을 쏟아내면서 부모의 죄책감을 불러일으키고, 그렇게 해서 자신의 입장을 관철시키려 들 것입니다. 부모가 자신에게 했던 것처럼 말입니다.

상대방의 죄책감을 이용하는 것으로는 상대방의 태도를 달라지게 할 수 없습니다. 달라진다 해도 그것은 일시적인 것에 지나지 않으며 조만간 더 큰 문제가 되어 돌아오고 맙니다.

  아이 역시 마찬가지입니다. 죄책감만으로는 아이를 달라지게 할 수 없습니다. 진정으로 아이의 태도와 행동이 달라지기를 바란다면 단지 부모가 먼저 그런 태도와 행동을 보이기만 하면 됩니다. 아이는 그 누구보다도 부모를 복제해내는 능력이 탁월한 존재니까요.

공부 전략, 백 미터 달리기에서
마라톤으로 바꾸다

돈 많은 대감 집에서 큰 잔치를 베풀었습니다. 인근 각처의 사람들을 모두 초대하다 보니 차려놓은 음식도 대단했지만 먹고 난 다음 치워야 할 그릇도 장난이 아니었습니다.

잔치가 끝난 뒤 설거지를 하기 위해 하인들이 모였습니다. 하지만 산더미같이 쌓인 그릇을 보며 누구도 선뜻 일을 시작할 기색을 보이지 않았습니다. 모두들 '이걸 언제 다 하나?' 하는 생각에 감히 엄두를 내지 못했던 것이지요.

잠시 침묵이 흘렀습니다. 그러다가 나이가 지긋한 하인 한 사람이 슬며시 일어나더니 그릇 하나를 집어들고 천천히 닦기 시작했습니다. 옆에 있던 젊은 하인이 "그렇게 해서 언제 이걸 다 닦아요?"라며 한숨 섞인 소리를 내뱉었습니다. 나이 지긋한 하인은 빙긋이 웃으며 이렇게 대답했습니다.

"하나씩 닦으면 되지."

한꺼번에 다 하려 하면 시작도 못한다

"언제 이걸 다 하지?"

공부에 지친 아이들 입에서 흔히 나오는 푸념입니다. 두꺼운 수학 책을 펼쳐 놓고 얼마 남지 않은 시험을 생각하면 한숨이 절로 나온다고 합니다. 언제 이걸 다 떼나? 도저히 시험 때까지 끝낸다는 것은 불가능할 것 같고, 지레 주눅이 들어 포기하고 싶은 마음마저 든다고 합니다.

부모도 마찬가지일 것입니다. 모든 과목이 골고루 낮은 아이의 성적표를 보고 있노라면 한두 과목도 아니고 언제 이걸 다 공부시킬 수 있겠나 싶어 난감하기 짝이 없을 것입니다. 벌써 2학년인데, 국·영·수 기초도 제대로 안 되어 있는 것 같으니 어쩌면 좋을까, 탄식이 절로 나오고 맙니다. 생각 같아서는 학년을 거꾸로 돌려놓고 싶은 마음일 것입니다.

3학년 교실에 들어가 보면 교실 앞쪽에 'D-day ○○일'이라고 적혀 있는 달력을 자주 보게 됩니다. 세 자리 숫자였던 날짜가 어느

· 새 두 자리 숫자로 줄어들고, 흘러간 시간만큼이나 아이들 얼굴에는 피곤한 기색이 짙어만 갑니다. 시간은 얼마 남지 않았는데 해야 할 것은 많고 달리 뾰족한 수는 보이지 않고, 점수는 좋아질 것 같지 않고 그야말로 사면초가인 것이지요.

이쯤 되면 서서히 포기하고 싶은 마음이 일어나기도 할 것입니다. '아이고 나도 모르겠다. 빨리 시험이나 치르고 싶다', 되든 안 되든 시험이라는 압박감으로부터 벗어나고 싶은 충동이 이는 것은 당연할 것입니다. 시험을 잘 보는 것도 좋지만 할 것은 많은데 날은 얼마 남지 않았고, 어차피 다 하지 못할 것이라면 마음만이라도 빨리 편해지고 싶은 것이 아이들의 마음일 것입니다. 나는 그런 아이들을 향해 한마디 던집니다.

"아직 415일이나 남았네. 널널하구나."

아이들 눈이 휘둥그레집니다. 이제 고작 50여 일 남았는데 무슨 뚱딴지같은 소리냐는 눈치지요.

"50일에다 365일 더하면 415일이잖아? 내년에 시험 보면 되지. 뭘 꼭 올해 끝내려고 하냐? 여유를 가져라, 여유를!"

금세 아이들 얼굴에 웃음보가 터집니다. 무슨 코미디 같은 소리냐는 표정들이지요. 그러면서도 한편으로는 '그래 내년도 있지'라는 생각에 다소 안도하는 것 같기도 합니다. 꽉 막힌 줄 알았던 앞길에 숨통이 좀 트이는 것이지요.

두꺼운 책도 하루 한 페이지씩부터

　백 미터 달리기는 순간의 질주를 통해 승부를 냅니다. 따라서 짧은 순간에 온 힘을 다 짜내야만 하지요. 하지만 마라톤은 다릅니다. 순식간에 열을 내서 남을 따라잡는다고 이기는 것은 아닙니다. 처음부터 끝까지 자기 페이스를 지켜 가면서 꾸준히 달리는 것이 훨씬 더 중요합니다.

　그런데 아이들은 공부를 백 미터 달리기로 생각하는 경우가 많습니다. 단숨에 책을 떼고, 점수를 올리고, 대학에 가야 한다는 생각으로 말이지요. 부모도 마찬가지입니다. 시험 때마다 손에 받아 쥐는 성적표에 확실한 성과가 드러나야만 안심을 합니다. 그리고 죽자사자 책상에 앉아 있는 아이 모습을 봐야만 만족을 합니다. 그렇다 보니 부모 입장에서는 아이가 하루에 몇 시간씩 공부하는지 다른 집 아이들과 비교해가며 따지게 됩니다.

　아이는 아이대로 오늘 하루 몇 페이지나 진도를 나갔는지 따지느라 책장을 자꾸만 넘겨보게 됩니다. 그래도 성이 안 차면 공부 시간을 늘리겠다고 잠을 줄이고 밤을 새기도 합니다. 하지만 오래 가지는 못합니다. 작심삼일이란 말도 있듯이 며칠 해보다가 지쳐 중간에 그만두고 말게 됩니다.

　아이들은 두꺼운 책을 보면서 '이걸 언제 다 하지?'라는 물음 앞에 늘 스스로 좌절을 합니다. 물론 한꺼번에 그걸 다 봐야 한다

많은 일을 가장 빠르게 하는 방법은 한 번에 하나씩 그런 다음 다시 한 번에 하나씩 해나가는 것입니다. 아이의 공부 역시 마찬가지입니다. '이 많은 것을 언제 다 공부하지?'라며 한숨짓는 아이에게 우선은 한 문제를 푸는 것을 목표로 하라고, 그런 다음 다시 한 문제를 푸는 것을 목표로 하라고 말해주십시오. 아이는 부모의 여유와 지혜 있음을 깨닫게 될 것입니다.

면 정말 끔찍한 일이겠지요. 하지만 생각을 조금만 바꿔보면 어떨까요? 하루 한 페이지씩은 해나갈 수 있지 않을까요? 수백 페이지나 되는 책을 한 번에 다 해낼 수는 없습니다. 그러므로 어차피 할 수 없는 일을 못한다고 안타까워할 필요는 없습니다.

그냥 '쿨~하게' 하루 한 페이지씩만 해나가겠다고 생각하면 어떨까요? 물론 이런 생각이 어리석게 느껴질 수도 있습니다. 당장 며칠 뒤면 시험을 봐야 하는데 한 페이지씩 풀어서 어찌 하겠느냐는 것이지요. 하지만 우리가 잘 알듯이 백 개도 하나씩 모여 되고, 만 개도 하나씩 모여 됩니다. 이것이 자연과 인생의 법칙입니다.

하루에 한 페이지지만 1년이면 365페이지고, 10년이면 3,650페이지가 됩니다. 한 만큼 자신의 것이 됩니다. 이만하면 훌륭하지 않은가요? '이 많은 걸 언제 다 할까?'라는 말은 결코 해서는 안 됩니다. 누구나 한 번에 한 문제씩만 할 수 있기 때문이지요.

그러므로 '이 많은 것을 언제 다 해?'가 아니라, 목표를 한 문제로 설정해서 풀고, 그 다음에는 다시 한 문제를 목표로 한 뒤 도전하고 성취하는 과정을 되풀이하다 보면 어느새 두꺼운 책 한 권을 다 보게 된다는 것입니다. 이처럼 공부는 얼마나 많이 하느냐 보다 얼마나 꾸준히 하느냐의 문제입니다.

공부, 절대로 많이 하게 하지 마십시오. 꾸준히 하게 하십시오.

아이의 논술을 위해
부모, 책을 읽기 시작하다

"학생들이 작성한 논술시험 답안이 너무도 천편일률적이라 점수 주기가 무척 어렵습니다."

대입 논술시험을 채점하는 교수들이 흔히 하는 평가 가운데 하나입니다. 학원에서 암기식으로 익힌 내용을 그대로 베껴 모범 답안을 만들다 보니 학생들의 답안을 읽다 보면 그 내용이 그 내용이라는 것이지요. 마치 한 선생에게서 세뇌 교육을 받은 것처럼 엇비슷하게 써놓은 답안들을 수도 없이 읽고 점수를 매기다 보면 짜증이 날 때도 많다고 합니다.

논술을 잘하려면 평소 책을 열심히 읽어야 한다는 이야기를 많이 합니다. 논술 실력은 학원에 가서 배운다고 갑자기 느는 것이 아니기 때문이지요. 그러므로 평상시 꾸준히 책을 읽고 생각하는 습관을 들이는 것이 중요합니다. 사실 책을 읽을 생각은 않고 학원의 반짝 수업을 통해 논술 실력을 키워보겠다는 생각은 터무니없는 기대에 지나지 않고, 그저 심리적 위안을 얻기 위한 미봉책일 뿐입니다.

학원 수업이 논술에 그다지 큰 의미를 주지 못한다는 지적이 많은데도 부모들은 여전히 아이들을 논술 학원에 보냅니다. 논술은 배워서 느는 것이 아니라는 이야기를 여기저기서 들으면서도 왜 학원에 보낼 수밖에 없는 것일까요?

논술을 잘하려면 책을 많이 읽어야 한다는 사실을 모르는 부모는 거의 없습니다. 문제는 아이에게 책을 읽게 만들 방법이 없다는 것이지요. 책이 없어서 읽지 않는 것도 아닙니다. 아이가 어릴 때부터 무리를 해서라도 전집으로 책을 사주는 것이 요즘 부모들의 모습입니다. 하지만 책을 사줘도 읽지 않는 데야 어쩔 도리가 없는 것이지요.

논술의 왕도가 책 읽기임을 잘 알지만 아이에게 책을 읽도록 할 수 있는 방법을 모르니 부모로서는 그저 답답할 뿐입니다. 그 답답함을 어찌 할 수 없어 끙끙 앓다가 부모로서 해야 할 최소한의 도리는 해야 하지 않을까 하는 마음에 논술 학원을 찾는지도 모릅니다. 어찌 되었든 논술 학원이니까 무슨 수를 써주지 않겠는가 하는 막연한 기대를 해보는 것이지요.

책 읽기는 습관의 문제

아이들은 왜 책을 읽지 않을까요? 아이들마다 타고난 적성이나 소질이 다르니 책 읽기를 좋아하는 아이도 있고 싫어하는 아이도 있을 것입니다. 이것은 어쩔 수 없는 것이겠지요. 하지만 정말 그럴까요? 사람이란 이런 식으로 쉽게 단정 지을 수 있을 만큼 단순하지 않다고 생각합니다. 게다가 현실적으로 책을 읽어야 좋은 점수를 받을 수 있는 논술이라는 시험도 눈앞에 있습니다. '타고난 팔자려니'라고 생각하고 있을 수만은 없다는 이야기지요.

사람은 소질이나 성향을 타고나기도 하지만, 타고난 것을 바꾸기도 합니다. 책을 읽지 않는 아이의 행동을 타고난 것으로만 돌릴 수는 없다는 것이지요. 타고난 성향도 있겠지만 후천적인 습관도 무시할 수 없기 때문입니다. 그러므로 아이가 책을 읽지 않는 것은 책을 읽는 습관이 들지 않았기 때문일 가능성이 가장 큽니다. 그렇다면 문제는 어떻게 해야 아이에게 책 읽는 습관을 들일 수 있느냐 하는 것입니다.

앞에서도 이야기했지만 아이는 부모를 흉내 내면서 성장합니다. 아이에게 있어 부모라는 모델이 끼치는 영향은 절대적이라 할 수 있습니다. 똑같이 따라 하든, 정반대로 행동하든 부모의 영향을 받기 마련입니다.

그런데 부모가 아이의 어떤 행동을 바꾸기 위해 지속적으로 잔소리를 해대도 전혀 효과가 없는 경우가 있습니다. 왜 그럴까요? 아이가 영향을 받는 것은 부모의 말이 아니라 행동이기 때문입니다. 아이는 부모의 말을 듣고 배우는 것이 아니라 행동을 보고 배웁니다. 부모의 말이 아이를 훌륭하게 만드는 것이 아니라 부모의 행동이 아이를 훌륭하게 만든다는 것이지요.

입으로는 책을 읽으라고 하면서 텔레비전 드라마에 빠져 있는 엄마의 모습은 아이에게 엄마의 말에 대한 신뢰성을 감소시킵니다. 아이는 엄마의 말보다는 행동에 더 쉽게 동의할 수밖에 없기 때문이지요.

지금 아이가 책을 읽지 않는다면, 부모로서 열심히 책 읽는 모습을 아이에게 보여준 적이 있는지 되짚어보아야 합니다. 혹시 먹고사는 것도 힘든데, 살림살이 하느라 정신이 없는데 책 읽을 틈이 어디 있느냐는 변명이 떠오르는가요? 그렇다면 아직 아이의 책읽기가 절실하지는 않다고 보아야 합니다.

아이에게 책을 읽게 하는 방법은 아주 간단합니다. 부모가 책을 읽으면 됩니다. 물론 책을 읽더라도 아이에게 눈치 주기 위한 목적으로 읽어서는 곤란하겠지요. 그러면 아이도 부모의 눈치 때문에 책을 읽을 것이고, 일종의 위장 곧 읽는 척하는 것에 그칠 가능성이 많을 테니까요.

부모가 먼저 즐겁게 책을 읽으면 어떨까요? 아이의 논술 성적을 위해서라도 말입니다. 그런 다음 아이와 책 내용을 갖고 이야기를 나누면 어떨까요? '이 책을 보니까 말이야 어쩌구 저쩌구…', 부모의 입에서 자연스럽게 흘러나오는 책 내용들은 아이에게 간접 독서 효과를 가져다주고 아이의 사고력도 키워줍니다. 그리고 부모의 이러한 행동은 아이에게 무의식적인 모방 심리를 불러일으켜 아이 역시 책 읽기에 관심을 갖게 만듭니다.

교육은 입으로 하는 것이 아니라 행동으로 한다는 사실, 잊지 말아야 할 것입니다.

아이에게 분노하는 부모,
감정적 거리 두기를 연습하다

아주 뛰어난 의사가 있습니다. 심장 분야에서는 대한민국 최고의 지식과 기술을 가진 의사입니다. 그런데 만일 그의 사랑스런 아들이 심장병에 걸려 큰 수술을 해야 할 처지에 이르렀다면 그 아이의 수술은 과연 누구에게 맡겨질까요? 최고의 지식과 기술을 갖춘 아이의 아버지일까요? 아마도 그 수술은 아버지가 아닌 다른 사람의 손에 맡겨질 것입니다. 아이의 아버지가 가장 믿는 친구나 제자 가운데서 말이지요.

아무리 뛰어난 의사라 할지라도 자기 자식은 수술하기가 힘들다고 합니다. 남의 살이 아닌 바로 자신의 살을 상대로 수술을 해야 하기에 그렇다고 합니다. 칼이 아이의 살을 베고 들어갈 때, 그 고통에 대한 느낌이 너무도 생생하게 전달되어(사실은 부모가 상상하는 것이지만) 수술하는 동안 냉정함을 지켜내기가 어려워지고, 결국은 자신의 기술을 제대로 발휘하지 못할 것이라는 심리적 이유 때문이라고 합니다.

이것은 가르치는 것에도 그대로 적용됩니다. 아무리 학생을 잘 가르치는 선생도 자기 자식을 가르치기는 정말 힘듭니다. 또 공부를 잘해서 좋은 대학에 들어간 형이 동생을 맡아서 돌봐주면 좋을 것 같지만, 현실적으로는 최악의 과외 선생이 될 확률이 아주 높습니다. 형은 형대로 동생을 향해 분노와 신경질을 퍼부어대고, 동생은 동생대로 형을 향해 증오와 불신감을 갖게 되기 쉽다는 것이지요.

감정적 거리 두기, 아이에 대한 객관적 평가를 가능하게 한다

자녀에 대한 부모의 기대 수준은 늘 높을 수밖에 없습니다. 부모 자신은 극구 아니라고 하겠지만 말입니다. 사실 기대 수준이라는 것 자체가 상대적인 것이기에 부모는 자신이 갖고 있는 기대 수준이 결코 높지 않다고 생각하기가 쉽습니다. 비록 조금 높다고 하더라도 불가능할 정도로 심하지는 않다고 믿기도 합니다. 충분히 노력하면 가능한 수준이라고 스스로 평가하는 것이지요.

이렇듯 자녀에 대한 부모의 기대는 늘 일정 수준 이상이 될 수밖에 없습니다. 자기 자식이기 때문입니다. 자식에 대한 부모로서의 감정이 자녀의 현 수준을 있는 그대로 받아들이기 힘들도록 만들어버리는 것이지요.

그런데 부모의 기대에 미치지 못하는 자식에 대한 감정이 불쌍함에서 분노로 바뀌는 것은 그야말로 시간문제입니다. 내 자식이 잘되어야 한다는 부모로서의 책임감이 자녀의 수준 미달을 참을 수 없게 만드는 것이지요.

반면에 남의 아이에 대해서는 아주 편하게 생각합니다. 잘하든 못하든 그것은 그 아이의 인생이라는 생각이 깔려 있기 때문입니다. 비록 그 아이가 공부를 잘 못해서 어떤 불행한 상황에 빠진다고 해도 자기와는 상관없는 일인 것입니다. 그렇다 보니 아이에 대해 감정적 거리 두기가 가능해지는 것이지요.

감정적 거리 두기는 자녀에 대한 객관적 평가를 가능하게 합니다. 자녀가 처해 있는 현 상황(학업 수준)을 있는 그대로 받아들일 수 있는 여유를 갖게 해주고, 그 결과 자녀에게 맞는 적절한 교육 방식을 찾는 데도 도움을 줍니다. 자녀와 눈높이를 맞출 수 있는 지혜가 생긴다는 이야기지요.

게다가 감정적 거리가 지켜지는 만큼 자녀에 대한 분노도 줄어듭니다. 사실 자녀에 대한 분노를 접을 수 있다면 그것만으로도 아주 훌륭한 교육을 하고 있는 셈입니다. 부모든 교사든 가르치는 사람의 분노는 아이에게 심각한 의욕 상실의 계기가 될 수 있기 때문입니다. 아이의 학업 수준에 대한 부모의 분노가 겉으로 드러나면 드러날수록 아이의 집중력과 학습에 대한 의욕은 떨어지고 맙니다. 아이가 정신을 차리고 더 잘할 것 같지만 실제로는 그 반대인 경우가 대부분이란 이야기지요.

아이에 대한 분노는 아이의 미래에 대한 불안 때문

아이를 가르치면서 부모가 느끼게 되는 감당하기 힘든 분노는 아이의 장래에 대한 두려움에서 비롯됩니다. 먼저 '내 아이가 이 정도밖에 안 되는가?' 하는 절망감이 엄습해옵니다. 여기까지는 누구나 갖게 되는 일반적인 감정이지요. 어떤 분야에서든, 잘하는 아이를 보면 가르치는 자로서 감탄이 흘러나오고, 반대로 기대만큼 따라오지 못하는 아이를 보면 가르치는 자로서 절망감을 느끼기 마련입니다.

그러므로 절망감을 느끼는 것 자체는 문제가 아닙니다. 다만 그 절망감을 부모가 또는 가르치는 사람이 어떻게 소화하고 아이에게 표현하는지가 중요합니다. 앞서 말한 것처럼 절망감의 대상이 '내 자식'이 아니라 다른 아이일 경우, 감정적 거리 두기는 훨씬 쉬워집니다. 그 때문에 절망감을 아이에게 그대로 드러내기보다는 감정적 거리 두기를 통해 절망감을 적절하게 희석시킬 수 있습니다.

문제는 그 아이가 '내 자식'일 때입니다. 내 자식이기 때문에 감정적 거리 두기가 어려워집니다. 내 자식이 학교에서도 낙제생으로 낙인 찍혀 교사들로부터 무시당하고, 아이들한테 왕따 당하고, 영영 무능력한 사람으로 자리매김하고, 사회에 나가 일자리도 못 얻고 무시당하며 살거나, 정말 밥 벌어먹기도 힘든 상태에서 인생을 살아가게 되는 것은 아닌가 하는, 자녀의 미래에 대한 온갖 불행한 상상들이 부모들을 두려움에 빠지게 만드는 것입니다.

그리고 시간이 지나면서 그러한 상황에 처한 자신에 대해 화가 나고, 나아가 자신을 그런 상황에 처하게 만든 아이에게(부모의 기대 수준에 미치지 못하는 아이에게) 분노가 치밀어오르는 것입니다. 그리고 이러한 분노는 다시 아이의 학습 의욕을 떨어뜨리게 되고, 부모는 그로 인해 더욱 분노하게 되는 악순환이 만들어지는 것입니다.

그렇다면 부모는 어떻게 해야 할까요? 아이에게 아무것도 기대하지 말아야 하는 걸까요? 그렇지는 않습니다. 다만 아이의 학습 능력을 향상시키고 싶다면 부모의 감정을 다스리는 것이 중요하다는 것입니다.

그렇게 하기 위해서는 먼저 아이의 수준을 있는 그대로 받아들여야 합니다. 그것도 아주 태평스럽게 말입니다. 그런 다음 좀 더 나아지기 위해 함께 해볼 수 있는 방법들을 찾아보는 것입니다.

다른 사람의 아이가 아닌 바로 내 아이기에 부모는 더 많은 것을 기대하게 되고 그래서 더 많이 실망하고 더 많이 화를 내게 됩니다. 내 아이라는 생각을 잠시 내려놓아 보십시오. 그러면 아이를 기다려줄 수 있게 됩니다. 안 좋은 점수에 실망한 아이를 격려해줄 수 있게 될 것입니다.

그리고 노력을 했지만 기대만큼 아이의 학업 수준이 오르지 않았더라도 기꺼이 받아들여야 합니다. 몇 번이고 그런 상황이 되풀이되더라도 늘 기꺼이 받아들일 수 있도록 자신을 훈련시켜야 합니다. 그래야만 아이에게 좀 더 나은 배려를 베풀 수 있기 때문입니다. 곧 아이의 수준에 맞는 학습 환경을 만들어줄 수 있다는 이야기입니다. 이것은 일종의 인격 수양입니다. 그래서 어려운 것이지요. 하지만 이것이 가장 좋은 방법인 것은 틀림없습니다.

자식 돕는 재미도 인생의 큰 행복 가운데 하나라고 합니다. 그런데 자식이 좀 모자라야 부모가 도울 수 있는 것 아닐까요? 부모가 해줄 것이 하나도 없을 정도로 잘하기만 하는 자식, 별로 재미없지 않을까요? 남들에게 자랑할 수 있어서 좋을지는 모르지만, 아이와의 관계라는 측면에서는 별 소득이 없을 수도 있지 않을까요?

아이의 학업 수준이 부모의 기대에 못 미친다고 해서 아이의 장래가 암울해지는 것은 결코 아닙니다. 아이는 결국 자신의 영역을 찾아내어 남들처럼 잘 살아갈 것입니다. 부모가 보여주는 호의와 지지가 아이와의 관계를 좋게 만들고, 이를 바탕으로 아이가 현재 삶에 대한 만족과 미래 삶에 대한 자신감을 선물로 받게 된다면 말입니다.

공부, 지능보다
집중과 반복학습의 문제임을 깨닫다

엄마들은 자기 아이의 성적이 좋지 않은 까닭을 이렇게 이야기합니다.

"우리 애가 머리는 좋은데 공부를 안 해서…."

반대로 아이들은 자기 성적이 안 좋은 까닭을 이렇게 말합니다.

"난 머리가 안 좋아서…."

과연 대한민국의 학교 시험이 머리가 뛰어나지 못한 아이들은 감당할 수 없을 정도로 어려운 것일까요? 앞서 이야기했듯이 대한민국에 있는 어떤 학교의 시험도 머리가 별로여서 아무리 해도 안 될 만큼의 높은 벽을 갖고 있는 경우는 결코 없습니다. 어떤 학교의 시험이든 그저 웬만한 지능이면 누구나 다 잘해낼 수 있을 정도의 수준이란 것이지요. 왜냐하면 어차피 학교 시험이란 것이

'누가 더 잘 외우냐'를 따지는 것이기 때문입니다. 만일 지금의 대한민국 시험이 창의적이고 종합적인 사고력을 측정하는 것이라면 좀 달리 말할 수 있을지도 모르지만 말입니다.

공부 잘하는 비결, 집중력과 끈기 그리고 반복학습

어떤 아이들은 머리가 나빠서 잘 외워지지 않는다고 말하기도 합니다. 얼핏 생각하면 맞는 말 같기도 합니다. 그러나 어느 정도 이상의 지능을 갖춘 보통 아이들에게 있어서 외우기란 지능의 문제라기보다는 집중과 반복의 문제입니다. 술이 취해 고주망태가 된 사람도 자기 집은 찾아갑니다. 어떻게 왔는지도 모르게 말이지요. 왜 그럴까요? 날마다 되풀이하는 반복학습의 성과이기 때문입니다.

공부도 마찬가지입니다. 날마다 같은 것을 되풀이하면 외워지게 되어 있습니다. 잘 외우지 못하는 것은 머리가 나쁘기 때문이 아닙니다. 끈기를 갖고 지속적으로 되풀이해서 공부하지 못하는 개인의 자세에 있는 것이지요. 한두 번 해보고 안 된다고 포기하는 그런 나약함 말입니다. 그래서 공부는 습관 곧 공부하는 자세가 중요하다고 말하는 것입니다.

그렇다고 꼼짝도 않고 오랫동안 책만 들여다보는 기계적인 자세를 떠올려서는 곤란하겠지요. 공부하는 습관이라는 것이 책상에 오래 앉아 있는 습관만을 뜻하는 것은 아니기 때문입니다.

"우리 애는 30분을 못 버텨요. 그러니 어디 공부가 되겠어요?"

이런 하소연을 하는 엄마들이 참 많습니다. 하지만 공부가 됩니다. 왜 안 되겠습니까? 30분이면 엄청난 시간입니다. 30분씩 다섯 번이면 150분입니다. 곧 2시간 30분이지요. 한 번에 얼마나 오래 앉아 있느냐는 그다지 문제가 되지 않습니다. 문제는 충분히 집중할 수 있느냐에 있습니다. 그리고 되풀이할 수 있느냐에 있습니다. 30분 집중하고 30분 쉬었다가 다시 30분 집중하는 패턴을 얼마나 꾸준히 반복적으로 해나갈 수 있느냐가 문제라는 것이지요.

인간의 기억을 선 그래프로 표시해보면, 시간이 흐르면서 그래프는 하향곡선을 그립니다. 시간이 지날수록 기억한 내용이 의식 속에서 점점 잊혀간다는 이야기지요. 그러다가 어느 정도의 시간이 지나면 의식에서는 거의 사라지고 무의식에나 남게 됩니다. 이처럼 인간의 기억력은 한계가 있습니다. 이것은 누구나 마찬가지입니다. 머리가 좋고 나쁜 것과 상관없이 말입니다.

하지만 그 한계를 넘어설 수 있는 방법이 있습니다. 기억한 것이 잊혀질 만할 때 다시 한 번 그 기억을 되새기는 것입니다. 당연히 기억력은 높아질 것입니다. 다시 말해 밑으로 처지던 기억 곡선을 재기억, 곧 반복학습을 통해 다시 위로 끌어올릴 수 있다는 이야기입니다. 따라서 무엇인가를 잊고 싶지 않다면 잊을 만하면 또 보고, 잊을 만하면 또 보고 하는 식으로 되풀이하면 됩니다.

흔히 크게 충격받은 일은 쉽게 잊히지 않습니다. 그 충격의 강도가 너무도 커서 뇌에 아주 강한 흔적을 남기기 때문이라고 합니다. 그러나 단순히 강한 충격이기 때문에 오랫동안 기억에 남는 것은 아닙니다. 아무리 강한 충격도 다시 되풀이해서 떠올리지 않으면 언젠가는 잊히게 마련입니다.

강한 충격이 머릿속에 각인되어 오래 남는 진짜 이유는 반복학습 때문입니다. 그 충격을 자꾸 떠올리며 수시로 재학습하기 때문에 망각 속으로 사라질 수가 없는 것이지요. 너무도 충격적이었기 때문에 자기도 모르게 자꾸 되풀이해서 기억해내고, 그러한 반복학습이 자신도 모르게 충격을 잊지 못하게 만드는 것입니다.

어린 아이에게서 배우는 반복학습의 기적

어린 아이들은 똑같은 책이나 비디오를 되풀이해서 봅니다. 열 번도 더 읽어준 동화책을 또 읽어 달라고 하고, 열 번도 더 본 비디오를 또 봅니다. 아무런 거리낌 없이 그냥 되풀이해서 봅니다. 아직 세상에 대한 정보가 부족해서 그런지는 모르겠으나 어쨌든 아이들이 한 번 본 것을 되풀이해서 보기 좋아하는 것은 사실입니다.

그런데 이것이야말로 바로 학습의 왕도가 아닐까요? 아이들의 기억력이 좋은 이유도 뇌 세포가 싱싱해서라기보다는 한 번 본 것을 되풀이해서 생각하고 말하는 아이들의 습관 때문인지도 모릅니다. 그런데 나이가 좀 들면 한 번 본 것은 어지간해서는 다시 보지 않으려고 합니다. 이미 봤고 다 안다고 생각하기 때문입니다.

하지만 되풀이해서 보면 전에는 보지 못했던 것이 보이기도 하고, 여러 가지 면에서 성장하는 기회가 되기도 합니다. 그러므로 어제나 그제 본 내용을 되풀이해서 공부하는 것이야말로 공부를 잘하는 비법이라면 비법인 셈입니다.

'지난번에 봤는데 또 봐야 되나? 그제도 본 건데…. 어, 기억이 안 나네. 잘 모르겠는데…. 내가 이렇게 돌머리인가? 와, 정말 짜증나!', 이런 감정적인 판단을 해서는 안 됩니다. 아이처럼 그냥 생각 없이 또 보는 것이 중요합니다. 이미 본 것이라는 전제를 말끔히 지워버리고 되풀이해서 그냥 보는 것이지요.

오늘 풀어보고 내일 또 풀어보고, 한 번 보면 머리에 떠오를 정도가 될 때까지 되풀이해서 보는 것이 중요합니다. 그러므로 공부할 책은 과목당 한 권이면 충분합니다. 정말 그렇습니다.

열심히 해도 성적이 안 오르는 아이,
깨진 독을 수리하다

학교 다니는 아이를 둔 부모 입장에서 가장 속 터지는 일이 무엇일까요? 공부하지 않고 빈둥대는 '꼴'을 보는 것이라 합니다. 그래서 아이를 학원으로, 독서실로 내몬다고 합니다.

그렇다면 학교 다니는 아이들 입장에서 가장 속 터지는 일은 무엇일까요? 그저 보기만 하면 공부하라고 앵무새처럼 떠들어대는 부모의 잔소리라고 합니다. 그래서 아이들은 그 말을 듣지 않으려고 집밖으로 나돈다고 합니다.

그렇다면 부모나 자식 모두에게 공통적으로 가장 속 터지는 일은 무엇일까요? 돈 들여 학원에 보내고, 공부하라고 소리를 질러대도 도무지 꿈쩍도 하지 않는 성적이지 않을까요? '들인 돈이 얼마인데 왜 성적이 안 오르는 거야? 내 자식은 정말 구제불능의 돌

머리인가?' 라는 한숨과 함께 말입니다.

이런 상황은 아이들도 마찬가지라고 합니다. 자기 나름대로 열심히 공부했지만 아무리 해도 점수는 오르지 않고 자신의 무능력함이 너무도 뼈저리게 와 닿는 순간, 죽고 싶은 심정이라고 합니다. 부모님 보기도 민망하고, 그래서 성적표를 숨기거나 심한 경우에는 위조를 해서 불효자식의 굴레를 피해보고 싶은 유혹을 느끼기도 합니다. 실제로 어떤 아이들은 성적표를 위조하기도 합니다. 하지만 그렇다고 마음이 편하지도 않다고 합니다. 자신에 대한 환멸과 동정 사이를 오락가락하면서 삶에 대한 자신감만 잃어갈 뿐인 것이지요.

깨진 독에는 결코 물을 채울 수 없다

도대체 왜 점수가 안 오르는 것일까요? 물론 공부를 안 해서 그렇겠지만 열심히 하는데도 오르지 않는 경우도 있습니다. 그렇다면 반드시 뭔가 까닭이 있을 것입니다. 이때는 무작정 공부를 하겠다고 덤벼들 것이 아니라 왜 해도 안 되는지 원인을 찾아내 근본적인 해결책을 마련해야 합니다. 왜 안 되느냐고 한탄을 할 것이 아니라 공부하는 당사자로서 자신의 공부 방법에 대해 전반적인 점검과 고쳐야 할 것이 없는지 총체적으로 살펴보는 자세가 필요하다는 이야기입니다.

부모 역시 마찬가지겠지요. 아이에게 공부 안 한다고 윽박지르고 왜 성적이 그 모양이냐고 소리만 질러댈 것이 아니라, 정말 아이의 성적이 걱정된다면 그리고 아이의 성적만 좋아지면 더 이상 바랄 것이 없을 정도로 절실하다면, 부모 역시 아이의 공부에 동참해야 합니다. 그 정도의 진지함과 절실함도 없으면서 아이 성적에 대해 이러쿵저러쿵하는 것은 아이들이 노력하지 않고 성적이 오르기만을 바라는 것과 같은 것입니다.

우리 속담에 '깨진 독에 물 붓기'라는 말이 있습니다. 아무리 노력해도 성과가 나지 않는 일을 빗대어 이르는 말입니다. 부모와 학생의 공통된 고민인 성적 올리기에 딱 들어맞는 속담이 아닌가 싶습니다. 아무리 공부를 해도 성적이 오르지 않는 상황이 바로 깨진 독에 물 붓는 상황과 들어맞는다는 이야기지요. 그렇다면 깨진 독에 물을 채우는 방법을 알아내기만 한다면, 아이의 성적을 올릴 수 있는 방법도 자연스럽게 알게 될 것입니다.

깨진 독에 물을 채우려면 어떻게 해야 할까요? 무턱대고 물만 부어서는 안 될 것입니다. 아무리 물을 많이 부어도 독이 깨졌다면 결코 차오르지 않을 것이기 때문입니다. 곧 물의 양을 늘린다고 해결될 문제가 아니라는 것이지요.

문제의 핵심은 붓는 물의 양이 아닙니다. 학원을 더 늘리고, 잠자는 시간을 더 줄인다고 해결되는 것이 아니라는 뜻이지요. 올바른 해결책은 깨진 독을 때우는 것입니다. 깨진 부분을 막고 그런 다음 물을 부어야만 독에 물을 채울 수 있는 것이지요(양이 많고 적음을 떠나). 깨진 자리를 때우는 것이 물 붓는 작업보다 먼저라는 이야기입니다.

모르는 부분이 독의 깨진 부분

우리가 흔히 말하는 성적 올리기는 다른 말로 표현하면 아는 것이 많아진다는 뜻입니다. 좀 더 구체적으로 말하면 자기가 모르고 있는 것을 찾아낸 뒤 그것을 아는 것으로 바꾸어간다는 뜻이지요. 그렇다면 먼저 해야 할 일은 모르는 것이 무엇인지 찾아내는 것입니다. 공부 시간을 늘리는 것이 중요한 것이 아니라 '내가 무엇을 모르는지' 그것을 찾는 것이 먼저란 이야기입니다. 그런 다음, 그것에 관해 집중적으로 공부해 아는 것으로 바꾸면 됩니다.

교사가 어떤 문제를 풀어주고 설명하면 많은 아이들이 고개를 끄덕이며 바라보고 있다가 다 알아들었다는 듯이 넘어갑니다. 마치 교사의 설명이 자기의 지식으로 자동 전환이라도 된 것처럼 말이지요. 하지만 그런 경우 공부는 교사가 한 것이지 학생 자신이 한 것이라 할 수 없습니다. 남이 푸는 것을 보는 것과 내가 풀 수 있다는 것은 전혀 다른 것이기 때문이지요. 축구 경기를 보면서 하는 훈수 실력이 실제 경기장에서 선수로 뛸 때의 실력과는 아무

관계가 없는 것처럼 말입니다.

  교사의 설명은 교사의 것이지 학생의 것이 아닙니다. 자기 혼자 해결하지 못한 것은 교사가 백 번을 풀어주어도 자기 것이 되지 않습니다. 그것은 여전히 자기에게 있어서는 모르는 것에 해당합니다. 곧 독의 깨진 부분이라는 이야기지요. 이것을 자기 것으로 하기 위해서는 깨진 부분을 땜질하듯이 복습이라는 방법을 통해 몇 번이고 되풀이해서 '직접' 풀어봐야 합니다.

  그런데 교사의 설명을 듣는 것으로 자기 것이 되었다고 믿어버리는 단순함 때문에 오늘도 많은 학생들이 독의 깨진 부분을 정확하게 구별해내지 못하고 있습니다. 그저 수업시간에 교사의 풀이 과정을 진지하게 '관전' 하면서 고개를 끄덕이는 것으로 자신의 실력이 늘어나고 있다고 착각하고 있는 것이지요.

  관전만으로는 실력이 늘지 않습니다. 아무리 축구 경기를 열심히 본다고 해서 공차는 실력이 늘지 않는 것처럼 말이지요. 그런 식으로는 아무리 오랜 시간을 공부해도 성적은 늘 제자리일 수밖에 없습니다. 문제는 자신이 직접 운동장으로 내려가 공을 차는 것입니다. 끊임없이 자신이 '무엇을 모르고 있는지'를 파악하는 작업을 해나가는 것입니다.

명문 학교,
아이 가슴에 상처를 입히다

　예전에 외국어고등학교에서 학생들을 가르칠 때입니다. 옆자리에 앉은 교사의 반에 인천에서 유학 온 학생이 있었습니다. 수업시간에 보면 공부에 별로 의욕이 없고 그저 그랬지만, 인간성이 좋고 예의 바르며 착실해 보이는 학생이었습니다. 그래서 공부는 별로지만 착실한 학생 정도로 생각했습니다.

　그러던 어느 날 우연히 그 학생과 담임이 면담하는 모습을 보게 되었습니다. 옆에서 가만히 들어보니 담임은 아이에게 자신감을 심어주려고 무척 애를 쓰고 있었습니다. 나중에 담임 이야기를 들어보니 참 아까운 아이라고 했습니다.

　중학교 때는 인천에서 전교 1, 2등 하던 아이였는데 외고에 와서

적응을 못해 성적이 곤두박질 쳤고, 2학년이 된 지금은 아이 자신도 공부를 거의 포기한 상태라고 했습니다.

중학교 때까지 담임교사뿐만 아니라 수업 담당 교사들의 관심과 격려를 한 몸에 받으면서 그야말로 승승장구하던 아이가, 외고에 와서 갑자기 반에서 30등이라는 충격적인 현실에 마주쳤던 것입니다. 하루아침에 담임교사나 수업 담당 교사들의 관심과 격려의 대상이 되기에는 너무도 평범한 아이로 밀려나고 말았던 것이지요.

잘하는 아이들만 모아 놓았으니 30등이라 해도 실제 성적 차이는 그다지 심하지 않았습니다. 하지만 하루아침에 관심 밖의 대상으로 전락해버린 상황을 아이는 이겨내기가 힘에 버거웠던 모양입니다. 아이는 점점 공부에 대한 의욕을 잃어갔고, 그렇게 1년이란 시간을 보내면서 어느덧 공부를 손에서 놓고 말았습니다.

그 대신 다른 방면(노래나 소설이나 악기나 연극)에 몰두하기라도 했더라면 좋았을 텐데, 여지껏 공부만 알고 살아온 아이는 공부를 손에 놓고 나니 할 일도 별로 없고 다른 것에 대한 의욕도 없었습니다. 그렇다 보니 역동성이나 활기도 사라지고 그저 착실해 보이기는 하나 무기력한 아이가 되고 말았습니다. 차라리 외고에 오지 않고 인천에 있는 일반 고등학교에 갔더라면, 모든 교사들의 사랑과 관심을 받으며 이른바 일류 대학에 충분히 갔을 아이였는데 너무나 안타까웠습니다.

비범한 아이에서 평범한 아이로 전락해버리다

잘하는 아이들끼리 모아 놓으면 더욱 실력이 좋아질 것이라고 믿는 사람들이 많습니다. 그래서 고등학교 입시를 부활시키고 평준화를 없애야 한다고 목소리를 높이기도 합니다. 부모들도 자기 아이를 어떻게 해서든지 공부 잘하는 아이들만 모아 놓은 명문 학교에 턱걸이로라도 들여보내려고 학원에다 과외에다 애를 많이 씁니다.

물론 잘하는 아이들끼리 모아 놓으면 경쟁심이 강해져서 실력이 늘 수도 있습니다. 하지만 그것은 일부 아이에게만 한정된, 어른들의 '짐작'에 지나지 않습니다. 오히려 더 많은 아이들이 교사들이 주는 관심과 배려의 대상에서 멀어지고, 그로 말미암아 교사의 긍정적 관심을 통해 얻을 수 있는 자기 발전의 동력까지 상실해버리는 것이 '현실'입니다. 결국 더 많은 학생들이 손해를 본다는 이야기입니다.

어느 학교를 가든 담임은 반에서 1, 2, 3등 하는 아이들에게(공부에 관한 한) 관심을 집중하기 마련입니다. 따라서 반에서 상위권에 드는 몇 명을 뺀 나머지 대다수는 담임교사와 수업 교사의 관심과 기대라는 울타리에서 벗어나게 됩니다. 어찌어찌해서 성적 좋은 아이들만 모여 있는 명문고에 들어갔다 하더라도 최상위권 바깥

아이를 무조건 명문 학교에만 보내려고 하지 마십시오. 공부 잘하는 아이들끼리 모아 놓으면 실력이 좋아질 것이라고 믿는 사람들이 많습니다. 물론 경쟁심이 강해져서 실력이 늘 수도 있습니다. 하지만 더 많은 아이들이 교사들이 주는 관심과 배려의 대상에서 멀어져 자기 발전의 동력을 상실해버리고 그 결과 평범한 아이로 주저앉고 맙니다.

으로 밀려난 대다수의 아이들은 교사의 관심과 기대라는 질 좋은 거름을 통해 자기 실력을 높일 수 있는 기회를 상대적으로 빼앗기고 만다는 뜻입니다.

그럴 바에야 차라리 외고가 아니라 일반 고등학교에 가서 반에서 1, 2등하면서 교사들의 관심과 격려를 독차지하며 공부하는 것이 훨씬 낫지 않을까요? 외고에 가서 반에서 10등 뒤로 밀려나 교사의 무관심 속에 외롭게 공부하는 것보다 이것이 학습 효과라는 면에서 훨씬 더 좋은 선택일지도 모릅니다. 물론 명문고에 다니는 자식을 두었다는 부모로서의 뿌듯함과 우월감은 맛볼 수 없겠지만, 부모의 그런 기분 좋은 감정이 아이를 좋은 대학에 보내주는 것은 아니라는 점을 잊지 말아야 할 것입니다.

명문고에만 들어가면 아이의 실력이 좋아지는 것은 결코 아닙니다. 오히려 아이의 잠재적 가능성이 제대로 발휘되지 못하는 상황에 빠질 확률이 더 높습니다. 물론 명문고 학생들이 명문대에 많이 들어가는 것은 사실입니다. 그래서 사람들이 명문고를 열망하는 것이겠지요.

하지만 잘 생각해보면 그것은 당연한 일입니다. 일반 고등학교를 다녔어도 충분히 일류 대학에 들어갔을 아이들만 모아 놓았으니 명문고 아이들이 일류 대학에 많이 들어가는 것은 당연하다는 것이지요. 명문고가 일류 대학을 많이 보내는 것이 '명문고의 효과, 공부 잘하는 아이들만 따로 모아놓은 학교'의 효과가 아니라는 말입니다. 그리고 명문고 아이들 중에는 일반고에 갔더라면 충분히 일류 대학에 갈 수 있는 학생이었는데 명문고에 가서 열등감에 빠지는 바람에 오히려 뒤로 밀려버린 다수도 있다는 사실을 잊지 말아야 할 것입니다.

사람의 능력은 관심과 기대라는 긍정적 지지를 먹고 자랍니다. 공부 못하는 아이든 공부 잘하는 아이든 지속적으로 자신의 능력을 키우는 데 있어서 주된 동력은 긍정적 격려와 관심입니다. 이런 의미에서 어떤 학교가 내 아이에게 더 좋은 영향을 미칠지 부모로서 진지한 고민이 필요합니다.

과잉 서비스로 키운 아이, 마침내 학교를 거부하다

외국에서 1년 동안 공부하고 온 학생이 교내 머리 지도에 불응하며 학교에 나오지 않았습니다. 왜 머리를 깎아야 하는지 모르겠다며 시위에 들어간 것이지요. 엄마는 아이가 머리 때문에 스트레스를 받아 좀 아프다며, 아이를 설득하고 있으니 조만간 학교에 나갈 것이라고 담임교사에게 말했습니다. 아이는 몇날 며칠을 그러다가 결국 선택한 해결책이 전학이었습니다. 머리를 자유롭게 기르도록 해준다는 인근 학교의 소문을 들었던 모양입니다.

그런데 전학 간 지 정확히 한 달째 되던 날, 엄마는 아이가 다시 돌아오기를 바란다며 제발 아이를 받아달라고 사정을 했습니다. 엄마 이야기로는, 그쪽 학교의 분위기가 영 아니어서(공부에 도움이 안 되어서), 그 학교에 다니다가는 대학 가기가 어렵겠다는 생각이

들어 아이가 다시 돌아오고 싶어 한다는 것이었습니다. 결국 아이를 위해서라는 명분과 학교 교칙을 잘 따르겠다는 아이의 다짐을 근거로 아이는 다시 학교로 돌아왔습니다.

몇 달 지난 뒤 다시 머리 지도 기간이 돌아왔습니다. 아이는 또 결석을 했습니다. 그렇게 한 달 이상을 결석하고 난 뒤 아이가 내린 결론은 자퇴였습니다. 그냥 집에서 공부해서 검정고시를 보겠다는 것이었습니다. 아이의 주장은 '내가 하기 싫은데 왜 억지로 해야 하느냐?'였습니다. 사회생활을 하려면 자신이 하고 싶은 대로만 하고 살 수는 없다는 엄마의 이야기가 아이에게는 전혀 먹혀들지 않은 듯했습니다.

아이의 해결사 노릇, 그만 멈추자

'하기 싫은 데 왜 해야 하는가?' 맞는 말입니다. 학교는 아이들에게 교육이라는 이름 아래 하기 싫은 일들을 많이 강요합니다. 교복을 입히고, 정해진 신발을 신게 하고, 머리를 짧게 깎게 합니다. 부모 역시 마찬가지입니다.

그렇다면 아이들의 의견을 최대한 받아들이고, 아이가 자율적으로 행동하도록 허용할 수는 없을까요? 좋은 이야기입니다. 하지만 세상이 어디 하고 싶은 대로 다 하고 살 수 있을 만큼 녹록한가요? 때로는 원하는 것을 위해 불편한 무언가를 선택하며 참아내는 수고도 할 줄 알아야 합니다.

그런데 이 엄마는 아이를 대신해 웬만한 것은 모두 해결해주면서 키웠던 것 같습니다. 대개 부모 두 사람 모두 직장 생활을 하는 경우에 그러한데, 아이에게 제대로 해주지 못한다는 원죄 의식 같은 것이 늘 깔려 있기 때문입니다. 이런 경우 부모가 아이를 돌보는 시간이 부족하므로 가급적 아이가 원하는 대로 할 수 있게끔 부모가 양보하고, 아이가 필요로 하는 것들을 열심히 챙겨주게 됩니다. 그렇다 보니 아이의 입장에서는 불편함이나 문제가 생기면 부모라는 해결사를 통해 모두 해결되었던 것입니다.

그런데 엄마가 해결해줄 수 없는 문제가 나타났습니다. 세상은 엄마가 다 해결해줄 수 있을 만큼 만만한 곳이 아니었던 것이지요. 아이가 나이를 먹어갈수록 그런 일들은 더 많아지게 마련입니다. 그 아이에게는 학교의 교칙이라는 괴물이 엄마가 다 해결해주던 자신의 편안함에 제동을 걸고 나선 것입니다. '머리 깎는 게 싫어'라는 말 한마디면 엄마가 다 해결해줄 줄 알았는데 학교라는 괴물한테는 통하지가 않았던 것이지요.

부모 입장에서는 '아이를 위해서 학교가 배려해주면 안 될까? 머리를 기르게만 해주면 아이가 학교도 잘 다니고 문제가 다 해결될 텐데….'라는 생각을 할 수도 있습니다. 하지만 과연 그렇게만 되면 모든 문제가 해결될까요?

사실 아이에게 있어 머리는 표면적인 이유일 뿐인지도 모릅니다. 일종의 꼬투리인 셈이지요. 머리가 아니더라도 그 아이가 등교 거부를 선언할 이유는 많습니다. 머리가 해결되면 언젠가 또 다른 이유를 들어 학교에 가지 않겠다고 버틸 것입니다. 자기 혼자 감수하고, 행동하고, 해결해야 하는 상황에 마주치게 되면 느끼게 되는 긴장과 불안, 아이는 그것이 싫어서 피하고 싶은 것일 뿐입니다.

실제로 '머리 규제 때문에'라는 이유는 다시 '공부할 분위기가 아니어서'로 바뀌었고, 그 뒤에는 '혼자 하고 싶어서'라는 식으로 계속 바뀌어 갔습니다. 물론 그 아이가 집에서 혼자 공부할 리가 없습니다. 혼자서 한다는 것이 얼마나 어려운 일인가요? 그 아이가 과연 혼자서 잘할 수 있을까요?

그 아이는 그저 부모의 과잉 친절과 보살핌으로 어려움 없이 살아왔던 삶의 패턴을 그대로 유지하고 싶은 것일 뿐입니다. 이런 현상을 단순히 학교 부적응이라고 말할 수는 없을 것입니다. 어떤 사회에 속하게 되든, 아이는 자신이 감당해야 할 짐이 생기면 이를 피하고 부모에게 떠넘길 이유를 들이댈 것이기 때문입니다.

사랑이라는 이름으로 저지르는 과잉 서비스

가정 밖의 세계는 아이의 이런 나태함을 받아주지 않습니다. 학교라는 사회도 마찬가지입니다. 부모 입장에서는 어떻게든 아이가 남들이 밟아가는 과정을 순조롭게 따라갈 수 있게 해주려고 사방팔방으로 애를 쓰지만, 아이는 그런 부모의 노력을 갖가지 이유와 그럴 듯한 변명들을 내세워 무산시킵니다. 그 결과 아이와의 끝없는 실랑이가 이어집니다. 하지만 속이 타는 것은 부모일 뿐, 아이는 속으로 즐기고 있는지도 모릅니다.

부모는 도대체 어찌 해야 할까요? 가장 현명한 처신은 이런 지경에 이르지 않도록 어려서부터 교육을 잘 시키는 것뿐입니다. 이 때 중요한 것이 자식에 대한 과잉 서비스입니다.

초등학교 4학년 아이가 놀다가 들어왔습니다. 당연히 이마에 땀이 맺혀 있겠지요. 엄마는 곧바로 수건을 꺼내 아이의 땀을 닦아줍니다. 이것을 두고 엄마는 과잉 서비스라고 전혀 생각하지 않을 것입니다. 물론 그 아이가 네댓 살짜리라면 과잉 서비스가 아닐 것입니다. 하지만 열한 살짜리에게는 분명 과잉 친절입니다.

아이가 학교에서 무슨 일이라도 있다 싶으면 곧장 담임을 찾아가 아이 대신 해결해주는 부모들의 교육열 역시 아이를 과잉 서비스로 키우고 있는 것임을 알아야 합니다.

이러한 문제에 대한 해결책은 부모의 큰 인내를 요구합니다. 왜냐하면 부모가 아이에 대해 철저하게 신경을 꺼야 하기 때문입니다. 말 그대로 아이 자신이 알아서 하도록 내버려두어야 합니다. 학교를 가든 말든, 하루종일 엎어져 자든 말든, 아이의 자율적 의사에 오로지 맡겨 두어야 합니다. 아이가 평소 주장하듯이 말입니다.

　이것은 더 이상 아이에게 부모로서의 돌봄이나 간섭이나 친절을 베풀지 않는 것입니다. 말 그대로 아이가 하는 대로 내버려두고, 부모는 아이에 대해 거리두기를 하는 것입니다.

　아이는 아마도 6개월 이상을, 심하면 2,3년 동안 그렇게 널브러져 허송세월을 보낼지도 모릅니다. 컴퓨터와 텔레비전을 끌어안고 집구석에서 빈둥거리며 말이지요. 그래도 내버려두어야 합니다. 스스로 뭔가를 수고스럽게 해보겠다고 아이가 움직일 때까지 말입니다.

　이렇게 살면 안 되겠다는 자발적인 생각에 따라 자신의 문제를 스스로 해결하고, 삶을 위해 참아내야 할 불편을 기꺼이 받아들일 자세가 아이에게서 생겨나오기까지 부모는 커다란 인내심을 가지고 참으면서 마음 고생을 해야 합니다. 아이를 진정으로 사랑한다면 말입니다.

음식, 아이의 공부를 방해하는 범인으로 밝혀지다

　　1970년대 미국의 한 연구보고서에 따르면, 당시 미국 사람들의 질병에 의한 사망 원인 가운데 가장 높은 비율을 차지하는 것이 심장병(40%)이었다고 합니다. 그런데 놀랍게도 1900년대 초만 하더라도 심장병은 고작 사망 원인의 8%밖에 안 되는 희귀한 병이었습니다. 심장병뿐 아니라 암, 뇌졸중, 당뇨병의 경우도 마찬가지였습니다. 그런데 1900년대 후반 들어 미국 사람들 사이에 이러한 질병들이 아주 두드러지게 늘어난 것입니다.

　　문제는 이런 질병이 늘어난 것에 그치지 않았습니다. 이 시기에 미국에서는 학생들의 폭력과 등교 거부 같은 소란 사태도 눈에 띄게 늘었다고 합니다. 예전에 비해 학교의 교육 시스템은 더욱 좋아졌는데도 학습 부진아들이 늘어나고, 글자를 모르는 고학력 문맹자들이 속출하기 시작했습니다. 더 나은 교육 환경과 제도를 만들어가고 있는데도 교육적 성과는 오히려 퇴보하는 듯한 결과를 보였던 것입니다.

어찌 된 까닭일까요? 역사적으로 보면 이 시기는 미국 사회에서 가공식품과 패스트푸드 산업이 급속도로 발전한 때입니다. 아이들이 땅이나 바다에서 직접 얻는 음식보다는 공장에서 화학 처리 과정을 거쳐 만든 음식을 더 즐겨 먹게 된 식생활의 변화와 시기적으로 맞아 떨어진다는 이야기입니다.

내 아이를 망치는 달콤한 유혹, 설탕

요즘 우리나라에서도 아이들이 참을성도 없고, 집중력도 떨어지고, 학업에 정진하지 않는다고 한탄하는 부모들이 많습니다. 또 주의력 결핍, 과잉 행동장애, 청소년 범죄의 증가를 걱정하는 목소리도 높습니다. 왜 이런 현상이 나타나는 걸까요? 지난 1세기 동안 일어났던 식생활의 변화가 아이들의 몸과 정신에 어떤 변화를 준 것은 아닐까요? 식생활의 변화와 청소년에게서 발생하는 교육 문제 사이에 어떤 관계가 있는 것은 아닐까요?

미국의 유명한 정신건강 치료사인 알렉산더 샤우스 박사는 《식사와 범죄 그리고 비행》이라는 책에서, 소년원 재소자들의 과거 식생활을 면밀히 조사한 뒤 그들의 식생활을 좋게 고치자, 그들이 정서적 안정을 되찾아간 사실을 자세히 소개하고 있습니다. 청소년들의 비행이 그들의 식생활 습관과 알게 모르게 많은 관련이 있음을 보여주는 사례입니다.

오늘날 아이들의 입에 가장 친숙한 음식은 설탕입니다. 과자부터 시작해서 음식 만드는 데 이르기까지 설탕의 사용은 무궁무진합니다. 그렇다 보니 요즘 아이들은 설탕을 따로 먹지는 않더라도 음식물마다 섞여 있는 설탕을 피해 가기 힘든 상황에 놓여 있습니다.

예전에는 설탕을 한 숟갈 먹으면 기운이 회복된다는 말도 있을 만큼 설탕 섭취가 문제가 되지 않았습니다. 그만큼 설탕을 섭취할 기회가 많지 않았기 때문입니다. 하지만 오늘날은 굳이 설탕을 먹지 않아도 이미 설탕에 너무 많이 노출되어 있습니다.

설탕(또는 과당)과 같은 정제당이 많이 들어있는 가공식품의 무분별한 섭취는 몸에 이상 반응을 가져옵니다. 우리 몸은 늘어난 당분을 최대한 빨리 분해하기 위해 과도한 인슐린 분비를 촉진하게 되고, 이는 오히려 저혈당증(핏속에 당이 모자라는 증상)을 불러일으키게 됩니다. 인슐린의 과다 분비가 습관화되면 그만큼 몸속의 당분이 줄어들 수밖에 없기 때문입니다.

당분은 우리 몸을 구성하는 세포의 에너지원입니다. 그런데 그 에너지원이 모자란다면 세포 활동에 문제가 생길 수밖에 없습니다. 곧 저혈당증은 몸 안의 세포에 적당한 에너지(당분)를 공급하는 것을 방해함으로써 각종 질병을 불러일으키고, 무엇보다 뇌의 활동을 떨어뜨려 정신질환을 일으키는 원인이 되기도 합니다. 실제로 저혈당증은 집중력 감퇴, 무기력과 피로, 정서 불안과 우울증 따위의 증상을 일으킵니다. 이런 증상은 공부하는 아이들에게는 치명적인 부작용이라 할 수 있습니다.

아이의 뇌 기능을 떨어뜨리는 가공식품들

과자나 튀김을 만드는 데 많이 사용하는 것이 쇼트닝이나 마가린 같은 고체화된 기름(포화지방)입니다. 액체인 기름을 고체화시킨 이유는 변하는 것을 막고 보관을 쉽게 하기 위해서입니다. 곧 돈과 편리함을 위해서 그렇게 한 것이지요.

고체 기름은 중금속을 촉매로 해서 화학 처리해 만든 것으로 아주 열악한 환경에 두어도 거의 변질되지 않는다고 합니다. 하지만 이것을 지속적으로 먹게 되면 뇌 세포에 영향을 주어 기억력을 떨어뜨리고, 몸 안에 나쁜 콜레스테롤을 많게 해 결국에는 고혈압을 불러일으킵니다.

무엇보다 포화지방에 많이 들어 있는 트랜스 지방산이 뇌세포에 가서 자리 잡게 되면, 뇌의 활동으로 생겨나는 엄청난 노폐물과 유해물질(뇌는 몸 에너지의 절반을 사용하다 보니 노폐물도 많이 나옵니다)을 뇌 세포가 제대로 배출시키지 못해 만성피로에 시달리게 되고, 이것은 곧바로 공부하는 데 있어 큰 걸림돌로 작용합니다.

요즘 아이들은 보통 80여 가지 이상의 식품첨가물을 섭취한다고 합니다. 맛을 내는 향료와 모양을 내는 색소, 빵이나 과자를 부드럽게 하는 팽창제, 제품의 유통기간을 늘리기 위한 보존료(방부제), 제품이 기계에 눌러 붙지 않도록 하는 유화제를 비롯해 수많은 첨가물들이 온갖 가공식품에 들어가고 있습니다. 아이들이 즐겨 먹는 과자류는 온갖 식품첨가물 투성이인 것입니다. 예전에 감자나 고구마, 옥수수, 밤 같은 자연식품이 간식이었을 때는 결코 경험할 수 없는 새로운 환경이 요즘 아이들 앞에 놓여 있는 셈입니다.

이제까지 사람들은 뇌가 다른 신체 기관에 비해 먹는 식품 성분에 비교적 영향을 덜 받는다고 믿어왔습니다. 하지만 최근의 새로운 연구 결과에 따르면 뇌가 식품 속의 화학물질에 대해 예민한 반응을 보인다는 점이 속속 드러나고 있습니다. 우리가 먹는 음식이 뇌의 활동에 직접적인 영향을 끼친다는 말입니다.

가공식품에 포함된 설탕과 트랜스 지방과 온갖 종류의 식품첨가물들은 아이들의 건강 체계를 위협할 뿐 아니라 뇌 활동에까지 악영향을 미칩니다. 먹는 음식이 몸의 상태뿐만 아니라 정신 활동까지 관장한다는 것이지요.

최근 들어 기억력과 지능이 떨어지고, 행동장애 증상을 보이는 아이들이 눈에 띄게 늘어나는 것도 아이들 식생활에 무차별적으로 침투한 가공식품의 영향 때문은 아닐까요?

예전에는 가난한 집 아이들이 공부를 잘했는데 요즘은 부잣집 아이들이 공부를 잘한다는 말이 있습니다. 옛날에는 부잣집 아이들이 과자나 치킨 같은 비싼 가공식품을 많이 먹었고, 가난한 집 아이들은 돈이 없어 값싼 옥수수나 감자, 고구마 같은 것들을 간식으로 먹었습니다.

그런데 요즘은 거꾸로 되었습니다. 오히려 가난한 집 아이들이 값싼 가공식품을 부담 없이 사먹을 수 있게 되었고, 부잣집 아이들은 유기농이니 자연식이니 해서 가공식품으로부터 멀어졌습니다. 그래서 부잣집 아이들이 더 공부를 잘하게 된 것은 아닐까요? 공부하는 아이를 둔 부모라면 한번 진지하게 생각해볼 일이 아닐 수 없습니다.

아이의 뇌는 사소한 먹을거리 하나, 작은 말 한마디에도 민감하게 반응합니다. 오늘 아침 아이가 먹은 음식, 오늘 낮에 선생님에게 들은 말, 오늘 저녁에 보았던 부모의 표정 이 모든 것들이 지금도 아이의 뇌를 변화시키고 있습니다.

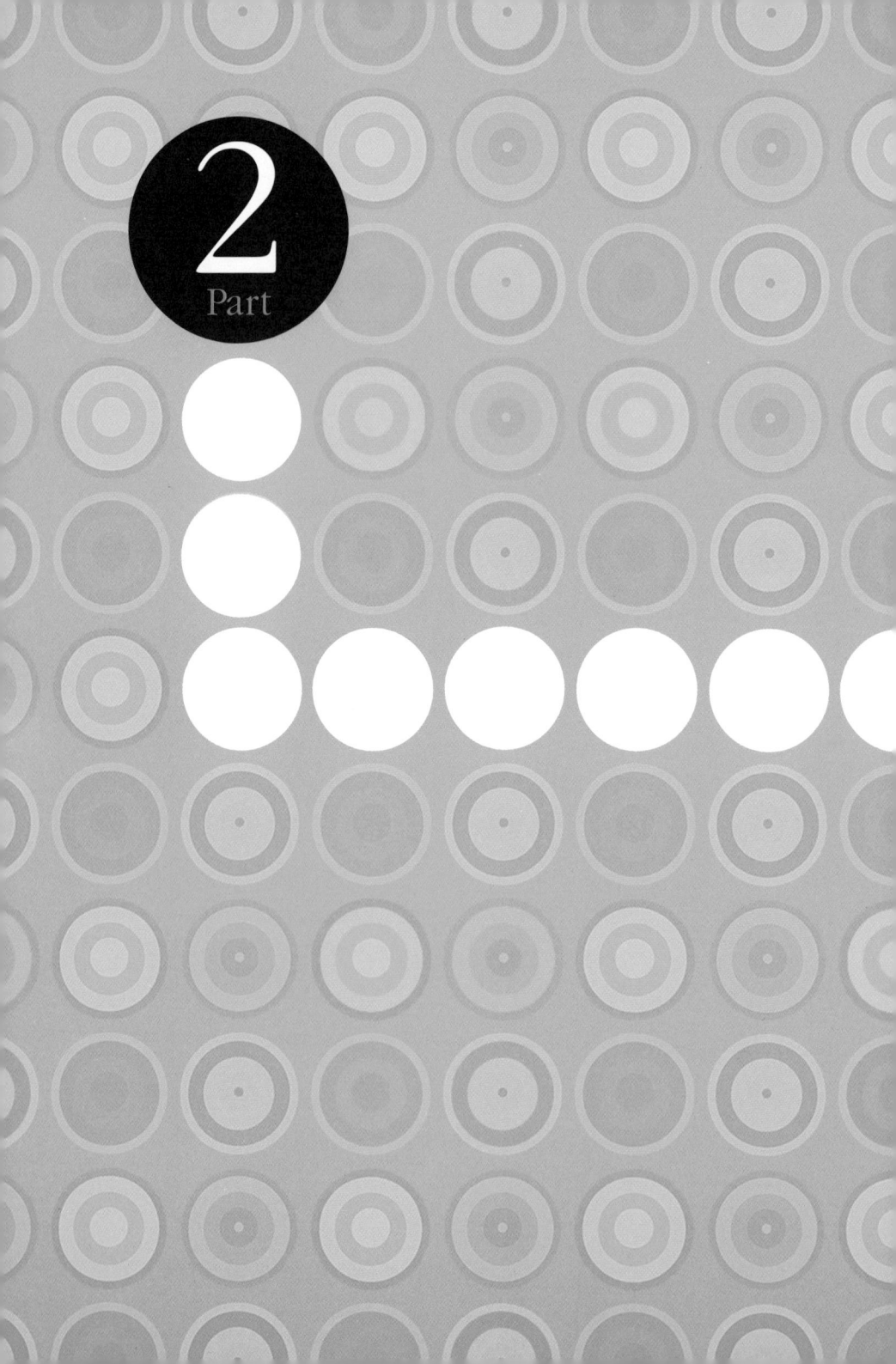

Part 2

아이의 심리를
이해하는 부모가
행복한 우등생을
만든다

사랑받고 싶은 아이,
거짓말쟁이가 되다

거짓말을 잘하는 초등학생이 있었습니다. 금방 들통날 거짓말을 천연덕스레 해대는 아이였습니다. 부모로서는 갑갑하고 미칠 지경이었습니다. '얘가 왜 이러나, 도대체 어떻게 해야 하나?' 난감하기만 했습니다. 다시는 안 그러겠다고 다짐한 것이 벌써 몇 번인지 모릅니다. 하지만 쉽사리 고쳐지지 않았습니다. 부모는 '이게 내 자식 맞나' 하는 두려움마저 들었습니다.

아이는 왜 혼이 나면서도 자꾸 거짓말을 하는 것일까요? 이런 경우 아이가, 무엇인지는 몰라도 부모에게 혼나는 것보다 더 두려운 상황에 직면하고 있다고 봐야 합니다. 그 상황을 어떻게든 피하기 위해 자기 나름대로의 해결 방법으로 거짓말을 되풀이하고 있다는 것이지요.

 아이도 물론 알고 있습니다. 부모가 거짓말을 싫어한다는 것쯤은 말이지요. 나중에 거짓말이 들통나면 부모로부터 된통 혼이 난다는 것도 잘 알고 있습니다. 하지만 그것은 어디까지나 나중 문제입니다. 지금 아이에게는 더 중요한 문제가 있는 것입니다.

 사실 거짓말을 할 때마다 매번 들키는 것도 아닙니다. 게다가 어느 정도 거짓말이 되풀이되다 보면 부모도 지치게 되고 더 이상 아이의 거짓말을 확인하고 싶어 하지 않게 된다는 사실을 아이는 경험적으로 알고 있습니다. 그래서 일단은 거짓말을 해서라도 원하지 않는 현재의 상황을 피하려 들게 되는 것이지요. 부모 자식 사이에 거짓말한다고 혼내고, 혼나지 않기 위해 거짓말하는 악순환이 되풀이되는 것입니다.

버림받을까 두려워하는 마음이 만들어내는 거짓말

 아이들은 누구나 부모가 자기에게 관심을 갖고 함께 놀아주기를 바랍니다. 이러한 바람이 거부당하는 것을 아이들은 가장 두려워합니다. 자기가 부모의 마음에 들지 않게 행동해서, 부모가 자기를 싫어하고 자기에게 화를 내는 것이 아닌가 하는 생각에 불안해하기도 합니다. 특히 부모의 지속적인 관심과 사랑에 대한 확신이 없는 아이는 자기가 잘못해서(부모의 마음에 안 들게 행동해서) 부모에게 버림 당할지도 모른다는 두려움을 늘 마음 한구석에 품고 있습니다.

아이들은 부모로부터 거부를 당한다면 그것은 순전히 자신의 잘못 때문이라고 느낍니다. 그래서 어떻게 해서든지 자신이 부모의 마음에 들게끔 행동하고 있다는 것을 보여주려고 합니다. 비록 나중에 들켜 혼이 나는 한이 있더라도 말입니다. 혼이 나는 것보다 더 무서운 것은 부모를 실망시켜 자신이 버려지는 상황이기에 일단은 거짓말을 해서라도 부모의 마음에 들고 싶어 하는 것입니다.

거짓말을 하면 부모가 싫어한다는 사실은 아이도 잘 알고 있습니다. 하지만 자신의 잘못을 인정해도 부모가 싫어하기는 마찬가지입니다. 그렇다면 아이는 어떤 선택을 하게 될까요?

거짓말을 안 하는 경우 아이는 100% 혼이 납니다. 하지만 거짓말을 하는 경우에는 혼이 날 확률이 50%로 줄어듭니다. 재수가 좋으면 들키지 않고 잘 넘어갈 수 있다는 이야기입니다. 그렇다면 아이 입장에서는 거짓말을 하는 쪽이 더 현명한 선택인 셈입니다. 왜냐하면 나중에 들킨다 하더라도 지금 당장은 부모를 기분 좋게 할 수 있고(그래서 부모로부터 거부당하거나 버림받지 않을 수 있고), 또 어쩌면 운 좋게도 영영 들키지 않고 잘 넘어갈 수도 있기 때문입니다.

부모와의 신뢰가 굳건하면 아이는 거짓말하지 않는다

아이들의 이런 모습은 일반적으로 부모의 일관성 없는 행동에서 비롯되는 경우가 많습니다. 부모가 기분 좋은 날은 숙제 안 하고 판판이 놀고 있어도 아이에게 뭐라 하지 않다가, 기분이 언짢은 날은 괜히 불러서는 숙제도 안 하고 뭐 하느냐는 불호령이 떨어집니다. 아이의 입장에서는 부모의 이런 행동을 이해할 수가 없습니다. 숙제를 하고 안 하고가 중요한 것이 아니라 부모의 기분이 좋은지 나쁜지가 더 중요해 보이기 때문입니다.

부모는 기분에 따라 관대하기도 했다가 불호령을 내렸다가 자기 마음대로 행동합니다. 하지만 아이의 입장에서는 그저 자신이 언제 버림받을지 모른다는 불안감 때문에 부모를 대할 때마다 두려울 뿐입니다. 그리고 오늘은 부모의 기분이 어떤지를 살피기 위해 눈치를 보는 데 온 신경을 집중하게 됩니다.

이런 상황이 계속 되풀이되다 보면 아이는 부모를 대할 때마다 불안하고 두려운 나머지 부모를 대하고 싶지 않기도 하고, 그러면서 한편으로는 어떻게 해서든지 버림받지 않기 위해 부모의 마음에 들어야 한다는 강박감을 갖게 됩니다.

결국 아이는 부모를 실망시키지 않기 위해(버림받지 않기 위해) 거짓말을 하기로 선택하게 됩니다. 어떻게 해서든 지금 이 순간만

아이가 거짓말 때문에 혼이 나면서도 자꾸 거짓말을 하고 있다면 부모에게 혼나는 것보다 더 두려운 무언가가 있다는 뜻입니다. 모든 아이에게 있어 가장 두려운 것은 부모를 실망시키는 것입니다. 그래서 부모의 사랑을 잃게 되는 것입니다. 그렇기에 아이는 사소한 잘못에도 부모의 사랑을 잃을까 봐 거짓말을 하게 됩니다. 적어도 거짓말이 들통나기 전까지는 부모의 사랑을 잃지 않을 수 있기 때문입니다.

잘 넘기면 된다고 여기는 것입니다. 내일은 부모의 감정이 바뀔 수도 있다는 것을 아이는 잘 알기 때문입니다. 거짓말을 해서라도 오늘의 위기를 넘기기만 하면, 내일 또는 모레에는 무사할지도 모른다는 기대에 아이는 자신의 운명을 거는 것입니다.

아이는 본능적으로, 부모의 꾸중이 그때그때 기분에 따라 달라진다는 것을 알게 되고, 그 결과 거짓말을 통한(도피를 통한) 위기 모면이야말로 최선의 대응방식이라고 배우게 되는 것입니다.

기분 나쁜 부모의 마음을 위로하기 위해 그리고 그 비난의 화살을 피하기 위해 아이는 부모를 즐겁게 해줄 수 있는 거짓말을 천연덕스럽게 늘어놓게 됩니다. 오직 '거짓말이 들통날지도 모를 내일'은 부모의 기분이 좋아지기를 고대하면서 말입니다.

부모가 아이를 대할 때(특히 꾸중할 때)는 일관성 있는 태도(기준)를 지켜나가는 것이 중요합니다. 그래야만 아이가 잘못을 저질렀을 때 부모가 자기를 어떤 식으로 대할지(심하게 꾸중할지 아닐지)를 아이가 스스로 내다볼 수 있기 때문입니다.

아이가 부모의 대응방식을 내다볼 수만 있다면 아이는 자신의 행동이 가져올 결과도 미리 생각해볼 수 있습니다. 그리고 자신이 행동을 하고 난 다음 부모가 어떤 식으로 자신을 대할 것임을 알기에 정직하게 대처할 용기도 생기게 됩니다.

그런 상황에서라면 아이는 자발적으로 자신의 행동 수위를 조절하려는 노력을 하게 됩니다. 비록 행동 수위 조절에 실패했다고 하더라도 '이번에는 이 정도 혼이 날 것이다' 라는 마음의 준비를 할 수가 있습니다. 다시 말해, 이런 일로 부모가 자신을 버릴지도 모른다는 불안감 같은 것은 생기지 않는다는 뜻입니다. 단지 자신의 잘못에 대해 책임만(짐작하는 수준의 꾸중) 지면 되기 때문입니다. 자신이 짐작하고 있는 정도의 꾸중은 감수할 수 있고 또 그래야만 한다는 것을 알고 있기에 아이는 정직하게 부모 앞에서 진실을 말할 수 있게 되는 것입니다.

부모가 절대로 포기할 수 없는 것, 성적에서 아이로 바뀌다

"절대로 포기할 수 없어요!"

고등학생 자녀를 둔 어느 부모의 고백입니다. 자식을 둔 부모가 절대 포기할 수 없는 것이 무엇일까요? 부모로서 자식을 위해 할 수 있는 것은 무엇이든지 해주고 싶은 것, 사실 부모라면 누구나 갖고 있는 기본적인 마음일 것입니다. 그래서 부모는 자기 아이에게 가장 좋은 것을 주려 하고, 어떻게 해서든지 아이에게 최선의 삶을 위한 여건을 제공할 수 있는 능력을 갖춘 부모가 되고 싶어 하는 것이지요.

이러한 부모의 욕망이 집중되는 가장 중요한 곳이 바로 교육 현장입니다. 그 가운데서도 핵심은 성적이지요. 성적 말고 다른 것들은 거의 무시된다고 봐도 지나치지 않은 것이 오늘날 우리의 교육 현실이기도 합니다.

이런 현실에서 누구보다도 좋은 교육을 시켜 부모로서의 도리를 다하고 싶어 하는 욕망을 비난할 수는 없을 것입니다. 하지만 자녀에게 진짜 좋은 교육이 무엇인지에 대한 부모의 결정에 대해서는 책임을 묻지 않을 수 없습니다. 단지 부모로서 자녀에게 가장 좋은 것을 주려고 했을 뿐이라는 변명만으로는 부모가 자녀를 위해 선택한 모든 행동들을 합리화할 수는 없다는 뜻입니다.

좋은 것이라 생각하고 주었다고 해도 그것이 자녀에게 독이 되었다면 부모는 그러한 선택에 대해 자녀의 비난과 원망으로부터 자유로울 수 없을 것입니다. 그렇기 때문에 부모라 할지라도 자녀에게 함부로 '이것이 너의 삶을 위한 가장 좋은 선택이야'라고 강요할 수는 없습니다.

어떻게 대하느냐에 따라 달라지는 아이의 미래

사실 우리 사회의 현실을 되짚어보면, 자녀에게 헌신하는 진정한 부모라는 타이틀을 확보하고 싶은 욕망 때문에 또는 자녀를 훌륭하게 교육시킨 능력 있는 부모라는 인정을 얻고 싶은 욕심 때문에 자녀의 성적에 지나치게 집착하는 부모들이 적지 않습니다.

자식을 모두 명문 대학에 보낸 자랑스러운 어머니에 대한 책이 서점에서 팔려 나가는 것을 보면, 부모가 품고 있는 욕망의 실체를 얼핏 엿볼 수 있습니다. 아이의 성적 때문에 불행해지는 부모, 그런 부모를 바라보며 자신의 무능력을 자책하는 아이, 이들을 향해 성적을 올리기 위한 방법을 파는 사회, 이것이 우리가 몸담고 있는 현실입니다.

그렇다면 부모로서 절대로 포기할 수 없는 것, 절대로 포기해서는 안 되는 것은 과연 무엇일까요? 아이의 성적일까요? 아니면 아이일까요? 부모 입장에서야 아이의 성적을 포기할 수 없는 것이 아이의 인생을 위해서라고 주장하겠지만 진정 그 말을 액면 그대로 믿어도 되는 것일까요? 어쩌면 성적(부모의 욕심)을 위해 자녀를 포기하고 있는지도 모른다는 생각은, 부모의 사랑을 왜곡하는 위험하고도 삐뚤어진 흑색선전에 지나지 않는 것일까요? 심각하게 고민해볼 일입니다.

아이의 행동 발달과 관련해 의미심장한 연구 결과가 있습니다. 엄마가 생후 1년 동안 아기를 꼭 껴안아주며 사랑을 표현하고 차분하게 대해주는 따위의 긍정적인 자극을 해주게 되면, 나중에 아이가 자라 문제아적인 행동을 일으키지 않는다는 사실입니다.

이 연구에서는 4~13살 아이들을 대상으로 행복함을 얼마나 많이 느끼는지, 얼마나 두려움을 느끼는지, 얼마나 떠드는지, 활동성은 어떤지와 같은 점들을 관찰했습니다. 그리고 또 엄마가 생후 1년 동안 아이를 얼마나 차분하게 대해주었는지, 장난감 같은 것들을 통해 아이를 지적으로 자극했는지, 아이의 요구를 얼마나 존중했는지, 신체를 구속했는지, 엉덩이를 살짝 때리는 따위의 가벼운 체벌을 했는지를 조사했습니다.

그 결과 생후 1년 동안 엄마의 양육 방식이 아이의 행동 발달과 상당한 관련성이 있음이 밝혀졌습니다. 엄마가 책을 읽어주거나, 차분하게 키워 지적인 자극을 많이 받은 아이는 자라서도 지나치게 떠들지 않는 조용한 태도를 보였고, 문제를 일으킬 위험성도 낮은 것으로 드러났습니다.

반대로 엄마로부터 정당한 요구를 자주 거절당했거나, 신체를 구속당하는 따위의 나쁜 경험을 많이 한 아이는 자라서 거짓말을 하고, 집과 학교에서 말을 듣지 않았으며, 잘못을 지적받아도 양심의 가책을 느끼지 않는 문제적 행동을 보였다고 합니다. 생후 1년 동안에 엄마와 아이가 관계 맺는 방식이 아이의 삶에 중요한 영향을 끼치고 있음을 보여주는 연구 결과입니다.

이런 실험 결과를 통해 우리는 사람이 사회에서 인정받는 존재로 자라느냐 그렇지 않느냐 하는 것이 바로 엄마라는 대상과 맺는 관계의 방식에 의해 결정된다는 사실을 짐작해볼 수 있을 것입니다. 엄마가 아이를 어떻게 대하고 있느냐가 나중에 아이가 자라 사회에서 어떤 인물이 되느냐를 결정하는 중요한 요소가 될 수 있다는 이야기지요.

성적과 상관없이 아이에 대한 사랑은 계속되어야 한다

앞서 이야기했듯이 점수 때문에 절망하는 부모의 시선은 아이에게 죄책감과 무능감을 심어줄 수 있습니다. 부모를 불행하게 하는 '나'는 곧 다른 사람들을 불행하게 하는 '나'로 생각이 옮겨갈 수 있습니다. 부모의 실망과 한숨은 아이로 하여금 무엇을 하든지 자신은 실패하고 말 것이라는 부정적인 자기 정체감을 키워줍니다. 결국 아이는 자기가 살고 있는 세상을 향해 부정적인 기대를 품게 되고 맙니다. 자신을 있게 해준 부모를 향해서 그랬던 것처럼 말이지요.

성적 때문에 세상을 향한 긍정적 기대감과 삶을 잘 살아낼 수 있을 것이라는 자신감을 잃어버린 아이가 되는 것, 이것이 부모들이 그렇게 원하는 최선의 모습일까요? 그렇지는 않을 것입니다. 하지만 성적을 절대로 포기할 수 없다는 부모의 고집은 아이를 포기하겠다는 선전포고가 될 수 있습니다. 아이에게 성적을 올리는 것만이 부모를 행복하게 해줄 수 있는 하나밖에 없는 길이라고 압박함으로써 아이로 하여금 부모와의 관계에서 자신을 포기하도록 유도할 수 있기 때문입니다.

생후 1년 동안에 부모가 아이에게 보여주는 긍정적인 관심과 배려는 아이의 점수가 좋아서 그런 것이 아닙니다. 그냥 '내 아이'

기에 그런 것이지요. 아이가 똥오줌을 못 가리고 때로는 부모를 너무 힘들게 할 만큼 보채기도 하지만 '내 아이'기에 그런저런 상황과 상관없이 무조건적으로 아이를 그렇게 대하는 것이지요.

  그런데 성적에 대해서는 왜 그렇게 할 수 없을까요? 성적이 어떻든 상관없이 아이에 대해 긍정적인 관심과 배려와 기대를 품고, 아이와의 관계를 좋게 만들어가려고 노력하는 것이 불가능한 일은 아닐 것입니다. 그런데도 성적에 대한 부모의 욕심 때문에 아이에 대해 실망과 분노를 품게 되고, 아이와 불편하고 적대적인 관계를 만들어가고 있다면 이보다 더 불행한 일이 어디 있을까요?

아이의 참 행복을 바라는 엄마,
자신과 아이의 행복을 구별하다

중학교에 들어간 아이를 둔 엄마에게 고민이 생겼습니다. 아이가 학교에 갔다 오더니 뜬금없이 한마디 툭 던졌습니다.

"엄마, 나 회장 출마하려고 하는데 해도 돼?"

회장이 되면 이래저래 학급일도 거들어야 하고 골치 아플 것 같아 속으로는 하지 말라고 하고 싶었지만 그래도 자식이 하겠다는데 부모가 하지 말라고 하기가 뭣해서 그냥 "네가 알아서 해."라고 대답했습니다. 회장 선거에 나간다고 반드시 된다는 법도 없는 데다가 나가겠다는 것까지 막을 이유는 없을 것 같아 속으로는 떨어지기를 기대하면서(물론 그것 때문에 아이가 상처받지는 않을 것이라 믿기에) 해보라고 한 것이지요.

그런데 다음날 학교에서 돌아와서는 회장에 뽑혔다는 것입니다. 한편으로는 대견하기도 하고, 한편으로는 앞으로 어찌 해야 하나 싶기도 하고, 즐거움 반 걱정 반의 마음으로 학부모 회의가 있는 날 학교에 갔습니다. 회장 엄마라고 다른 엄마들이 주위에 자연스레 모여들고, 이런저런 이야기를 나누다가 아무 생각 없이 이런 말을 했다고 합니다.

"우리 애가 수학이 좀 처지는 것 같은데 학원에 보내야 할지 모르겠어요. 영어는 하고 싶어 해서 조금 보내보기는 했는데…."

그 순간 다른 엄마들의 눈이 동그래지면서 '아니 뭐 이런 경우가 다 있나' 하는 눈빛으로 쳐다보더라는 것입니다. '아니 아직 학원도 안 보내고 도대체 부모가 뭐하고 있느냐'는 식이었던 것이지요. 뭘 모르는 건지 아니면 그만큼 강심장인 건지 이해가 안 된다는 반응들이었다고 합니다. 그러면서 고민하고 말고 할 것도 없이 당장 보내야 한다는 강력한 충고와 아직까지 수학 학원도 안 보내고 뭐 했느냐는 꾸중이 이어진 것은 당연하겠지요.

아이의 행복을 위한다는 속임수

엄마는 고민에 빠지게 되었습니다. 자기가 엄마 노릇을 잘못한 것이 아닌가 하는 불안함과 그래도 여전히 아이를 학원의 굴레에 매이게 하지 않겠다는 나름의 교육적 믿음에 대한 미련 사이에서 갈팡질팡했던 것이지요. 그러면서 혹시 자신의 잘못된 교육 믿음

탓에 자기 아이만 뒤처지게 되는 것은 아닌지 걱정이 몰려와 잠까지 설쳤다고 합니다. 그렇다고 당장 학원에 보내자니 그것도 흔쾌히 확신이 서지 않는 상황이라 이래저래 골치만 아프다고 엄마는 하소연을 했습니다.

이것은 어느 특정한 부모에게만 나타나는 현상은 아닐 것입니다. 대한민국 부모라면 누구나 한 번쯤 겪는 상황이라 할 수 있습니다. 이럴 때는 도대체 어떻게 해야 할지 고민스럽지 않을 수 없을 것입니다.

이 문제에 올바르게 대처하기 위해서는 먼저 부모 자신의 입장이 무엇인지 분명하게 할 필요가 있습니다. 부모가 진정으로 원하는 것이 무엇인지, 부모 자신의 행복인지 아니면 아이의 행복인지 말입니다.

당연히 아이의 행복이라고 말하겠지만 사실은 그리 단순하지가 않습니다. 많은 경우 자기도 모르는 사이에 아이의 행복보다는 부모의 행복이 우선시되고 있기 때문이지요. 그런데 문제는 부모는 그렇게 생각하지 않는다는 데 있습니다. 부모 자신은 언제나 아이의 행복을 우선시하고 있다고 굳게 믿고 있는 것이지요. 그래서 어려운 것입니다.

질문을 조금 바꿔볼까요? 부모가 진짜 원하는 것이 '아이를 행복하게 만들어주고 싶다는 엄마의 욕구 충족'일까요 아니면 '아이의 행복'일까요?

아이가 행복하기를 바라는 것은 모든 부모의 당연한 욕구입니다. 그러한 욕구 자체가 잘못된 것은 아닙니다. 하지만 그 욕구가 잘못된 결과를 불러올 가능성이 충분히 있다는 것입니다. 욕구 자체가 나쁜 것이 아니라 그 욕구 때문에 아이의 행복이 어긋날 수도 있다는 이야기입니다.

문제는 대부분의 부모들에게 있어서 '아이를 행복하게 만들어주고 싶다는 자신의 욕구'가 아이의 행복보다 우선적으로 고려되고 있다는 현실입니다. 아이의 행복이 먼저라고 말하고 또 그렇게 믿고 있지만, 실제로는 '아이를 행복하게 만들어주고 싶은 부모 자신의 욕구'가 우선권을 행사하고 있다는 것이지요. 단지 부모 자신이 이런 사실을 스스로 깨닫지 못하고 있을 뿐입니다. 하지만 아이는 이 점을 본능적으로 알고 있습니다.

아이의 행복과 아이를 행복하게 해주려는 엄마의 욕구는 다르다

어디서부터 잘못된 것일까요? 부모들은 자기가 아이를 행복하게 만들어줄 수 있다고 믿습니다. 좀 더 정확히 말하면 '아이를 행복하게 만들어줄 수 있는 더 나은 방법'을 알고 있다고 믿습니다. 그래서 그 방법에 따라 아이를 '조작'해가는 것입니다.

그런데 그 방법이 정말 아이를 행복하게 만들 수 있는 더 나은

부모도 어떻게 해야 먼 미래에 아이가 행복해질 수 있는지는 알지 못합니다. 이러한 사실을 마음으로 받아들일 때 부모가 생각하는 행복의 길을 아이에게 강요하지 않게 됩니다. 대신 아이의 말에 귀를 기울이게 됩니다. 그리고 부모가 그렇게 대할 때 아이는 이미 행복해지기 시작할 것입니다.

길이냐 하면 그렇지 않을 수도 있다는 사실입니다. 아이를 더 행복하게 만들어줄 수 있는 방법을 부모인 자기가 아이보다 더 잘 알고 있다는 확신에서부터 일이 어긋나기 시작하는 것이지요. 그렇다 보니 부모의 노력은 아이를 행복하게 만들어주고 싶다는 자신의 욕구를 충족하는 데 도움이 될 뿐, 정작 아이에게는 괴로움이 될 수밖에 없는 상황이 벌어지고 마는 것입니다.

아이는 자기를 낳아준 부모의 은혜에 보답하고자 부모가 요구하는 대로 따라주기는 합니다. 물론 아이 입장에서는 자신을 행복하게 만들 수 있는 다른 방법이 있다는 확고한 신념도 없고, 달리 처신해볼 수 있는 힘도 없기에 그저 따라가는 것이기도 하지요. 그러다가 힘들면 부모에게 한바탕 대들면 그만이기 때문입니다.

"이제까지 나한테 해준 게 뭐가 있다고? 다 엄마 마음대로 했지!"

이런 사태를 근본적으로 해결하기 위해서는 출발선에서 다시 시작해야 합니다. 먼저 아이가 어떤 식의 삶을 통해 자신의 행복을 찾게 될지는 부모도 알 수 없다는 사실을 받아들여야 합니다. 곧 부모는 자녀를 행복하게 만들어줄 방법을 모르고 있다는 것입니다. 이것은 아이 자신도 마찬가지입니다. 어느 누구도 장담할 수 없는 미래의 일이기 때문입니다. 오직 하늘만이 알 뿐입니다. 그렇다면 하늘에 맡겨두는 것은 어떨까요?

이렇게 마음을 바꾸고 나면 다음부터는 조금 수월해집니다. 아이가 학원 가는 것을 좋아하면 보내면 되고, 싫어하면 보내지 않으면 되는 것이지요. 대신, 아이와 함께 학교에서 배운 내용을 점검해서 아이가 모르고 있는 것들을 찾아 정리하고 익힐 수 있도록 도울 수 있는 방법들을 함께 찾아보는 것입니다.

물론 쉽지는 않을 것입니다. 더구나 아이를 학원에 보내버리는 것에 견주면 훨씬 어려운 일일 것입니다. 하지만 부모로서 정말 바라는 것이 아이의 행복이라면 그렇게 불가능한 일도 아닙니다.

위험한 선택을 하려는 아이 앞에서
부모, 참된 역할을 깨닫다

드럼 치는 중학교 여학생이 있었습니다. 여학생의 엄마는 학교 다닐 때 공부도 잘해서 좋은 직장을 구했고 남들 보기에도 그럴 듯한 생활을 누리고 있는, 그야말로 사회적으로 괜찮은 지위의 사람이었습니다. 그렇기 때문에 드럼을 두드리고 있는 딸아이를 도저히 이해할 수가 없었습니다.

단지 딸이라서 그런 것은 아니었습니다. 여자도 남자와 똑같이 드럼도 치고 축구도 하고 그럴 수 있다고 생각했습니다. 딸이라는 이유만으로 제재를 가해서는 곤란하다고 생각할 정도의 성 역할에 대한 인식은 갖고 있는 엄마였습니다.

엄마의 고민은 단순히 드럼을 치는 문제가 아니라 아이가 드럼을 업으로 여긴다는 데 있었습니다. 그저 재미로 친다면야 얼마든지 지원해주고, 삶의 질을 풍요롭게 해주는 취미로서야(여자아이로서는 살짝 튀는 면이 있긴 하지만) 충분히 인정해줄 뜻이 있었습니다.

그러나 딸아이는 취미로 드럼을 치는 것이 아니었습니다. 아예 공부도 팽개치고 드럼에만 매달렸습니다. 뭐 해서 먹고살려고 그러냐고 물으면 그게 뭐 그리 중요하냐는 식이었습니다. 앞으로 먼 훗날 무얼 해 먹고살 것인가보다는 지금 드럼을 치는 것이 더 중요하다고 생각했습니다. 딸아이는 드럼을 잘 치기만 하면 그걸로 일도 하고 먹고사는 문제도 해결할 수 있다고 믿는 듯했습니다.

자녀의 선택은 자녀의 입장에서 바라볼 필요가 있다

엄마 입장에서는 도무지 받아들일 수가 없었습니다. 여자 아이가 드럼을 쳐서 먹고살 수 있는 길이란, 엄마의 경험으로는 도대체 불가능하거나 너무도 힘겨운 생활일 수밖에 없기 때문이었습니다. 그리고 도대체 어떤 남자를 남편으로 맞을 것인가에 대한 걱정도 뒤따랐습니다. 결국 그런 부류의 사람들과 어울리게 될 터인데, 엄마로서는 그런 계통의 사람들이 살아가는 모습에 익숙지가 않았습니다. 그러니 마음이 불편할 수밖에 없었던 것입니다.

엄마는 아이에 대한 고민과 갈등 때문에 소화도 안 되고 사는 것이 영 편치 않았습니다. 여러모로 설득도 해보고 협박도 해보고 갖가지 방법을 다 써봤지만 딸아이와의 갈등은 커져만 갔습니다.

아이는 드럼 치는 것이 좋고 행복하다고 했습니다. '내가 행복하다는데 엄마는 왜 그걸 막느냐?'는 말 앞에서는 할 말이 없었습니다. 지금은 그렇지만 네 미래를 생각해보라고 말해보았지만, '엄마는 과연 지금 나보다 더 행복하냐? 그렇게 공부 열심히 해서 지금 행복하냐?'고 묻는 딸아이 앞에서 할 말은 더욱 없었습니다.

마침내 엄마는 포기하기로 했습니다. 어차피 자기가 좋아서 하는 것이니 엄마가 말린다고 해결될 일도 아니고, 본인이 그렇게 행복하고 좋다는데 어쩔 수 없었던 것이지요. 딸아이도 딸아이지만 엄마 자신이 병들면 안 되겠다는 생각에 한 수 접기로 했던 것입니다. 여전히 딸아이의 행동을 이해할 수는 없었지만 인정해주기로 결심하자 마음이 편해졌습니다. 소화도 잘되고 아이와의 관계도 좋아졌습니다.

드럼 치는 딸아이의 미래는 공부 잘해서 좋은 직장을 얻고 그럭저럭 남부럽지 않게 살아가는 엄마의 관점에서 보자면 영 비전이 안 보이는 투자입니다. 나 역시 내 아이가 그런다면 이 엄마와 똑같은 생각을 할 수밖에 없을 것입니다.

이른바 '딴따라'라고 부르는 사람들의 세계를 나로서는 이해하기가 어렵기 때문입니다. 그들이 살아가는 방식이나 태도가 도무지 불안하고 미덥지 않게 여겨지기에, 내 자식이 그런 불확실한 길을 가도록 내버려둘 수는 없을 것 같습니다. 불안한 수입 구조와 힘겨운 생활방식 정도가 내 관념에 들어있는 그들의 모습 전부이기 때문입니다.

물론 음악 카페나 연주회에서 열정적으로 드럼을 두드리는 모습을 보며 환호하기도 하지만 그건 어디까지나 여흥으로서 그런 것이지, 그게 내 아이의 생업과 곧바로 연결된다면 이야기는 달라지는 것이지요.

서로가 다른 선택을 할 뿐이다

부모가 아이에게 하는 요구는 늘(백 퍼센트는 아니더라도) 옳고 유익한 것이 사실입니다(정확하게 말하면 옳고 유익할 것이라고 생각하는 것이지만). 인생을 먼저 살아본 선배로서 장래를 위해 유익한 것이 무엇인지 아이보다는 잘 알고 있기 때문에(아니 알고 있다고 생각하기에) 그렇습니다. 하지만 아이들은 그런 부모의 마음도 모르고 자기 마음대로 하지 못하게 막는다고 불평불만을 늘어놓습니다.

아이가 불평한다고 해서 자기 뜻대로 하라고 마냥 내버려둘 수는 없습니다. 아직도 미성년자인 아이를 책임져야 할 부모로서 그래서는 안 된다고 믿기에 아이와 싸움이 벌어지는 것입니다.

부모는 자신의 요구가 잘 먹혀들어 가지 않을 때 아이를 향해 '네가 틀렸다'고 외치게 됩니다. 부모가 옳은 길을 제시하는데 그것을 받아들이지 않으니 틀렸다는 이야기인 것이지요. 하지만 아이는 부모의 이러한 견해에 동의하지 않습니다. 부모로서는 열불날 일인 것이지요.

부모는 대화도 해보고 설득도 해보다가 안 되면 강제 수단을 쓰기 시작합니다. 부모로서 할 수 있는 여러 가지 벌과 제재 방법을 동원하는 것이지요. 그래도 통하지 않으면 자신의 삶을 한탄하기 시작합니다. '자식 키우기가 왜 이렇게 힘든지, 내가 누굴 위해서 이러는데….' 라고 푸념하면서 말입니다.

여기서 부모들이 놓치고 있는 중요한 사실이 하나 있습니다. 아주 냉정하게 말해서 부모가 옳다고 믿고 요구하는 것들이 반드시 옳은 것은 아니라는 사실입니다. 부모가 자신의 요구와 강제가 옳다고 믿는 만큼 자녀들도 자신의 행동과 반발이 옳다고 믿고 있다는 사실입니다. 이 점을 마음으로 받아들여야 합니다. '아이는 틀리고 부모는 맞다' 가 아니라 '서로가 다른 선택을 했다' 라고 말입니다.

부모와 자녀 사이의 갈등은 누가 옳고 누가 틀렸느냐의 문제가 아닙니다. 무엇을 선택했느냐의 문제입니다. 그런데도 부모들은 자꾸 자신은 옳고 자녀들은 틀렸다고 생각합니다. 그래서 자녀가 스스로 틀렸다는 것을 인정하고 굴복하기를 요구합니다. 그렇다 보니 자녀를 향한 분노와 비난이 거세질 수밖에 없는 것이지요. 핵심은 옳고 그름이 아니라 '선택' 인데 말입니다. 그리고 어떤 선택이 더 나은지는 실제로 살아보기 전까지는 그 누구도 알 수 없는데 말입니다. 부모의 선택이 아무리 옳고 좋아 보여도 아이가 원하지 않는다면, '원하지 않는 것을 누군가가 내게 강요할 때 나는 어떠한가'를 스스로 떠올려보십시오.

자녀의 선택 앞에서 부모의 참된 역할

부모라고 자녀의 문제를 다 알 수는 없습니다. 사실 부모 자신도 정말 자기가 행복한지 장담하지 못합니다. 자신이 선택한 삶이 정말 최선이었는지도 잘 알지 못하면서 아이의 삶에 대해 이것이 최선이라고 과연 자신 있게 잘라 말할 수 있을까요?

어떤 것이 인생에서 가장 행복하고 좋은 것인지 정확히 아는 사람은 세상에 아무도 없습니다. 부모가 그렇듯이 아이도 그런 사람들 가운데 한 사람일 뿐입니다. 하지만 스스로 원하는 바를 선택할 자유는 아이에게도 있습니다. 부모들이 그런 것처럼 말입니다.

아이에게 어떤 삶을 강요하거나, 부모의 눈에 좋아 보이는 인생을 아이 대신 선택해주는 것이 부모의 역할은 아닐 것입니다. 오히려 부모 자신이 아이의 행복에 대해 모두 안다는 생각을 내려놓고, 아이의 욕구와 선택을 존중해주는 것이 중요합니다. 그런 다음, 아이가 선택하려고 하는 것(드림을 직업으로 선택하는 것)에 대해 함께 자료 조사를 하고, 함께 고민해주는 것, 그리하여 아이의 선택이 순간의 충동적인 선택이 아니라 충분히 알아보고 생각한 뒤 내린 결정이 될 수 있도록 도와주는 것, 그것이야말로 참된 부모의 역할이 아닐까요?

예컨대, 드럼으로 먹고살려면 어떤 종류의 능력을 길러야 하는지, 어느 곳에서 전문적으로 배울 수 있는지, 그곳에 들어가려면 어떤 준비를 해야 하는지, 성적이나 실력은 어느 정도가 되어야 하는지 따위를 부모가 아이와 함께 알아보는 것입니다.

아이에게 안 된다고만 하는 대신 이런 과정들을 부모가 함께해주었을 때, 아이는 자신의 선택에 대해 부모 탓을 하지 않게 될 것이고, 다음에 또 다른 선택을 해야 할 때가 왔을 때 누구보다 먼저 부모에게 의논하고 부모의 말에 귀를 기울이게 될 것입니다.

너무 착한 아이,
예측 불허의 행동을 하다

한 아이가 있었습니다. 어렸을 때부터 아주 착했고 한 번도 부모의 속을 썩여본 일이 없는 아이였습니다. 동네 어른들마다 예의 바르고 착한 아이라며 칭찬을 아끼지 않았습니다. 초등학교 들어가서는 숙제도 착실히 잘하고 공부도 열심히 하는 모범생으로 한 번도 말썽을 일으킨 적이 없어 선생님들의 칭찬도 자자했습니다.

아이에게는 자폐 증상이 있는 동생이 한 명 있었습니다. 그래서 제멋대로 행동하고 형의 소중한 물건들을 망가뜨리거나 교과서에 마구 낙서를 하는 일도 많았지만 형은 전혀 화를 내지 않았습니다. 엄마가 동생 때문에 고생하는 것을 잘 알고 있었기 때문입니다. 엄마로서는 그런 아이의 모습이 너무도 대견하고 자랑스러웠습니다.

아이는 초등학생의 나이에 맞지 않게 너무도 예의 바르게 행동했습니다. 그 또래의 아이들에게서 흔히 나타나는 경망스러움이나 장난기도 보이지 않았습니다. 또래 아이들이 흥미와 관심을 보일 만한 것들에도 아이는 무덤덤하게 반응했습니다. 다른 사람의 장난감을 만지기 전에는 반드시 '이 장난감 만져도 되나요?' 하고 물어볼 만큼 조심스럽고 예의가 발랐습니다.

그런데 이 착한 아이가 중학생이 되고부터 이상 증세를 보이기 시작했습니다. 학교 가기를 싫어하더니 급기야 등교까지 거부했습니다. 게다가 행동까지도 난폭해졌습니다. 집안에서도 식구들에게 폭력을 휘두르는 아이로 돌변했습니다. 아이는 이렇게 외쳤습니다.

"이건 내 삶이 아니야! 동생 따위는 죽어버려!"

아이는 그동안 자신의 진짜 마음을 억누르고 '좋은 아이' 처럼 행동해왔던 것입니다. 아이는 이제까지 어른들의 칭찬을 받기 위해 자신의 감정을 억눌러야만 했습니다. 동생 때문에 힘들고 화가날 때도 참기만 했습니다. 물론 겉으로 보면 부모가 강요한 것은 결코 아니었습니다. 아이가 동생을 돌보지 않는다고, 숙제를 하지 않는다고, 공손히 대답하지 않는다고 아이를 혼내거나 때린 적은 없었기 때문입니다.

하지만 알게 모르게 엄마는 아이의 행동을 억누르고 있었습니다. 겉으로는 강제하지 않는 것처럼 보였지만 실제로는 이런저런 이유를 붙여 아이가 엄마의 뜻대로 행동하지 않을 수 없게끔 만들어왔던 것입니다. '너는 착한 아이야'라는 무기를 사용해서 말입니다.

어릴 때는 자신의 힘이 약했기 때문에 할 수 없이 순종했지만 자라면서 나름대로 힘을 기른 아이는 이제까지 잃어버리고 살았던 삶과 자유에 대한 대가를 요구하기에 이른 것입니다. 자신을 불행하게 만든 부모와 동생에 대한 복수를 시작한 것입니다.

억눌린 자아, 예측 불허의 행동으로 나타나다

청소년의 자기 정체성 형성 과정을 살펴보면 몇 가지 유형이 있습니다. 그 가운데 가장 위험한 유형이 바로 정체성 형성의 의지를 잃어버린 경우입니다. 이 유형에 속한 아이들이 위험한 까닭은 겉으로는 전혀 문제가 없어 보이기 때문입니다.

이런 아이들의 경우, 나름대로 인생의 목표를 정해놓고 열심히 노력해서 어느 정도 성과를 이룬 경우가 대부분입니다. 부모와의 관계도 아주 원만합니다. 물론 부모의 일방적인 판단이기는 하지만 말입니다. 아이는 자신의 미래와 삶에 대한 고민을 거치지 않은 상태에서, 이미 자신의 목표와 가치에 대해 의사결정도 마친 상태입니다. 그러한 결정은 주로 부모나 의미 있는 주위 사람의 압력과 주입에 의해 이루어집니다. 아이는 이미 다른 사람이 만들어놓은 자신의 모습을, 자신의 생각과 상관없이 받아들이고 있는 것입니다. 싫다고 저항하기에는 아이의 의지는 너무도 약합니다. 그리고 상대방의 힘은 너무도 강합니다. 그래서 어쩔 수 없이 따라가게 되는 것입니다.

하지만 아이의 내면에는 일그러진 자기(self)가 숨어 있습니다. 자신의 뜻과는 상관없이 부모에 의해 일방적으로 자신의 정체성이 결정되어버렸기 때문입니다. 그렇지만 자신의 참된 모습을 감히 드러내지도 못합니다. 만일 그렇게 하면 부모가 너무나도 실망하게 될 터이고, 그 결과 부모로부터 거부당할까 두렵기 때문입니다. 부모를 위해 어쩔 수 없이 받아들이기는 했지만, 부모를 사랑해서라기보다는 부모의 힘 앞에 무릎을 꿇었기 때문입니다. 부모에게 버림받는 것이 너무나 무서웠기 때문입니다.

그러나 언젠가는 힘의 변화가 생기게 마련입니다. 아이가 부모의 그늘에서 어느 정도 벗어났다고 생각하는 상황에 이르면 아이는 이제까지 억눌렸던 자신의 삶에 대한 보상을 요구하게 됩니다. 이제까지와는 다르게 살아야 한다는 생각을 하게 되는 것이지요. 그래서 부모의 기대를 벗어난 예상 밖의 행동을 하게 됩니다.

너무도 열심히 공부 잘하던 아이가 갑자기 살기 싫다고 약을 먹고 자살을 시도하기도 합니다. 어느 날 단 한마디 상의도 없이 자기가 하던 것을 모두 포기하고 집을 나가버리기도 합니다. 부모나 가족을 향해 극렬한 반항(폭력이나 폭언)을 하기도 합니다. 아이의 돌발적인 행동을 부모는 전혀 예측할 수 없습니다. 그동안 아이가 보여주었던 모습과 너무나 다르기 때문입니다.

부모의 기대가 자녀의 삶이 될 수는 없다

어린 초등학생이 성인군자일 수는 없습니다. 그런데도 마치 성인군자처럼 행동하거나, 동생 때문에 속상하고 짜증나지만 착한 아이라는 엄마의 기대 때문에 그렇지 않은 척한다면, 공부하기 싫고 놀고 싶지만 공부 잘하는 모범생이라는 엄마의 기대 때문에 그렇지 않은 척한다면, 아이의 자아는 감당하기 힘든 위장된 행동 때문에 너무도 힘들어하며 자신의 본심을 철저하게 숨긴 채 서서히 곪아가고 있는 것입니다.

부모가 낳은 자식이라는 이유 때문에 부모의 기대가 아이의 삶이 될 수는 없습니다. 하지만 부모는 '아이의 행복을 위해서'라는 이름 아래 부모의 기대를 자녀의 삶에 투영시키려 합니다. 부모에게 의존적일 수밖에 없는 아이는 부모의 기대에 부응하기 위해, 부모의 사랑과 지지를 잃지 않기 위해 부모의 요구에 성실히 반응하게 됩니다. 그리하여 부모가 기대하는 대로, 부모가 짜주는 스케줄대로 자신의 삶을 맞추어 갑니다. 하지만 아이 속에서 일고 있는 '싫어, 나는 이렇게 살고 싶지 않아!' 라는 자아의 외침은 처절하게 억눌리고 억압당한 채 천천히 곪아가고 있다는 사실입니다.

아이들은 자유롭게, 자기가 원하는 바를 말하고 자신의 감정을 드러낼 수 있어야 합니다. 때로는 말 안 듣고, 사고치고, 대들기도 하면서 자라야 합니다. 또래의 아이들이 그렇게 행동하듯이 말입니다.

아이가 너무나 착해서 부모의 뜻대로 잘 따라준다면, 너무나 예의 바르게 생활한다면, 어쩌면 아이가 자신의 정서를 손상시켜 가면서 부모의 의도에 무기력하게 복종하고 있다는 뜻일 수도 있습니다. 언젠가 참된 자기를 찾기 위한 예측 불허의 반동으로 나타날지도 모를 분노를 억누르면서 말입니다.

공감의 신비,
드디어 아이의 마음을 움직이다

"말이 안 통해. 짜증나 죽겠어!"

부모와의 대화에 대한 어떤 아이의 소견입니다. 부모와는 도무지 말이 통하지 않는다는 아이 앞에서 부모가 할 수 있는 것이 무엇일까요? '저게 내 자식 맞나?' 싶은 절망감에 속만 바짝 타들어 갑니다. 도대체 왜 말이 안 통하는 것일까요? 말이 통하지 않기는 부모도 마찬가지입니다. '어찌 말하고 행동하는 것이 저리도 철딱서니가 없을까?' 하는 갑갑함을 부모 역시 느낀다는 것이지요.

사람의 의사소통은 본질적으로 지성보다는 감성에 더 의존합니다. 그렇기 때문에 자신이 느끼는 정서를 상대방에게 공감 받을 때 비로소 사람들은 소외감(무시당한다는 느낌)으로부터 오는 절망과 반감에서 벗어날 수 있습니다.

 부모와 자식 사이의 벽 역시 지적인 차이 때문에 생기는 것이 아니라 감정적 일치감의 부족 때문에 생기는 경우가 대부분입니다. 따라서 부모와 자녀 사이의 의사소통을 가능하게 하기 위해서는 자녀의 말과 행동에 대한 간섭에 앞서, 자녀가 처한 감정적 상황에 부모가 우선적으로 공감해주는 것이 필요합니다.

먼저 공감하고 잘잘못은 나중에 따지자

 게임에 몰두하고 있는 아이에게 엄마가 심부름을 시켰습니다. 그러자 아이가 대번 '에이, 씨!' 하고 혼잣말로 반응을 보였습니다. 이 상황에서 엄마는 화가 날 수밖에 없을 것입니다. '아니 어디다 대고 저런 막말을 해댈 수 있어? 저 녀석이 제정신이 아닌가 봐!'

 부모로서의 권위를 묵살당한 데서 오는 화도 화지만, 아이의 버르장머리 없는 태도를 고쳐야 한다는 부모로서의 교육적 사명도 만만치 않을 것입니다. 이런 자녀의 태도를 그냥 보아 넘긴다면 부모로서 적절한 의무와 사명을 포기하는 것이라는 생각도 지워버릴 수가 없을 것입니다. 그러다 보면 적어도 부모로서의 역할은 해야 한다는 의무감이 마음 한쪽에서 아우성을 치기 마련입니다. 여기서 부모는 과연 어떤 방식으로 대응해야 할까요?

엄마 갑: 어디서 그 따위 말버릇이야! 엄마가 네 친구냐?

엄마 을: 심부름 시킨 게 불만스러운가 보구나. 물론 즐거운 일은 아니지. 그렇다고 그런 식으로 말하면 되겠니?

엄마 갑의 경우는 아이의 감정 상태를 전혀 생각하지 않고 말함으로써 아이와의 단절을 심화시키고 있습니다. 엄마로서는 감정적인 울분을 해소하는 시원함을 맛볼 수 있을지는 몰라도, 과연 엄마의 분노에 찬 질책이 아이에게 어떤 교육적 효과를 가져올 수 있을지는 의문입니다.

아마도 아이는 엄마의 분노에 찬 질책을 겉으로는 받아들이는 척할지도 모릅니다. 그렇지 않았다가는 어떤 후폭풍을 맞을지 몰라서, 아니면 말대꾸하고 싸우기 싫어서 말입니다. 그러나 실제로는 엄마의 지적을 진지하게 받아들이지 않을 가능성이 아주 높습니다.

왜냐하면 자신의 잘못된 태도에 대한 판단보다는 엄마가 보여주는 공격성에 대한 방어에 더 관심이 쏠려, 어떤 식으로든 자신을 합리화하려는 무의식적인 시도가 앞설 것이기 때문입니다.

게다가 이런 식의 대응은 아이에게 '엄마는 나를 이해하지 못한다'는 감정적 확신을 키워줄 소지가 많습니다. 그 결과는 '엄마와는 말이 안 통해'라는 확신으로 각인되고 말 것입니다.

그렇다면 아이의 돼먹지 못한 태도를 보고도 할 말도 못하고 가만히 참고만 있어야 한다는 말일까요? 결코 그렇지는 않습니다. 부모가 아이의 모든 요구를 다 들어주거나, 아이의 감정(또는 비위)을 맞추어주느라 끙끙 앓아야 할 필요는 없습니다.

하지만 요구를 들어줄 것이냐 말 것이냐의 최종 선택 여부를 떠나, 적어도 아이의 현재 감정 상태에 공감해줄 필요는 있습니다. 다시 말해 아이의 요구를 들어주지는 않더라도 아이의 감정에 대해서는 인정해주는 모습을 보여야 한다는 뜻입니다.

사람을 움직이는 힘은 감정적 공감에서 나온다

상대방의 감정에 대해 공감한다고 해서 요구까지 꼭 다 들어주어야 하는 것은 아닙니다. 아이가 울며불며 통곡하고 있을 때, 아이의 슬픔을 공감해준다는 명분 아래 아이의 요구를 다 들어주어야 하는 것은 아니라는 말입니다. 감정 상태에 공감하는 것과 요구를 들어주는 것은 전혀 다른 문제입니다.

아이의 그 어떤 친구도 아이의 모든 요구를 들어주지는 않습니다. 그런데도 아이는 친구들에게는 속을 털어놓습니다. 그 까닭은 전후 상황이야 어찌 되었든 자신의 정서적 상태에 대해 공감을 얻을 수 있으리라는 기대 때문입니다.

따라서 아이의 심적 상태에 공감조차 해주지 않는 부모의 태도는 아이로 하여금 '더 이상 대화 불능'이라는 딱지를 붙이기에 딱

아이는 부모에게 공감받을 때 안정감을 느낍니다. 그런데 부모들은 아이에게 공감해주기를 두려워합니다. 아이의 말에 공감해주면 아이의 요구도 들어주어야 할 것만 같아서입니다. 하지만 그렇지 않습니다. 우선 아이의 말과 감정에 공감해주십시오. 그런 다음, 아이의 요구를 들어줄 수 없는 적절한 이유를 설명하십시오. 의외로 아이는 쉽게 수긍할 것입니다. 왜냐하면 아이는 허전한 마음을 부모의 공감으로 이미 채웠기 때문입니다.

좋은 이유가 될 수밖에 없습니다.

상담을 받기 위해 전문 상담자를 찾는 사람들도 상담을 통해 반드시 문제를 해결하기 위해서라기보다는 자신이 고민하고 있는 문제를 같이 공감해줄(들어줄) 수 있는 상대를 찾기 위해 가는 경우가 많습니다. 비록 해결은 못해주더라도 같이 울어주고 걱정해줄 수 있다면 충분한 의사소통이 되었다고 믿기 때문입니다.

사람을 움직이는 것은 논리적 설명보다는 감정적 공감입니다. 아이와의 진정한 의사소통을 원한다면 먼저 아이의 감정 상태를 공감해줄 수 있는 마음의 여유와 자세를 가져야 합니다. 아이가 어떤 감정 상태에서 이런 식의 반응을 보이는지 먼저 헤아려보는 것입니다. 아이의 어떤 욕구가 좌절되었는지(예컨대 게임을 못하게 되었고), 그러한 욕구의 좌절이 아이에게 가져다준 심리적 상처는 무엇인지 헤아려보고 우선 공감해주는 것입니다.

그렇게 하고 난 다음, 적절한 이유를 들어 아이의 요구에 이의를 제기하는 것이야말로 자녀와의 대화 가능성을 손상시키지 않는 지혜로운 대응방식입니다. 아이도 감정적으로 공감을 받고 나면 부모의 의견에 귀를 기울일 가능성이 훨씬 높아집니다.

아이들도 자기가 원하는 것을 다 얻을 수는 없으며, 감정에 휘둘려 제멋대로 행동해서는 안 된다는 사실을 잘 알고 있습니다. 그래서 친구들 사이에서는 그렇게 행동하지 않습니다. 그렇게 했다가는 왕따를 당할 수 있기 때문입니다.

　아이나 어른이나 자신의 마음을 잘 이해해주는 친구를 잃고 싶어 하지 않는 것은 똑같을 것입니다. 그러므로 아이의 잘잘못을 판단하고 정죄하기에 앞서 아이의 마음을 누구보다도 잘 이해해주는 대상이 부모라면, 아이도 그런 부모를 결코 잃고 싶지 않을 것입니다.

부모의 지지를 못 받은 아이,
또래집단에 집착하다

"아이가 캠프 갔다가 집에 돌아오자마자 방금 전까지 같이 있었던 친구들에게 전화를 거는 거예요. 캠프 기간 동안 보지 못했던 엄마에게는 별 관심도 보이지 않은 채 말이죠."

품안에 자식이라는 말이 있습니다. 어려서는 그저 엄마 치마폭 안에서 빙빙 돌던 아이가 어느새 자라 부모의 그늘을 벗어나 친구들과 어울리기 시작합니다. 더 이상 부모가 없어도 불안해하지 않고, 부모에게 매달리기보다는 부모와 떨어지기를 더 좋아하게 되는 것이지요. 부모 입장에서는 한편으로 육아의 부담을 덜게 되었다는 안도감에 즐겁기도 하지만, 한편으로는 부모를 더 이상 필요로 하지 않는 아이의 행동에 서운하기도 합니다.

그러다가 어느 날부터인가 아이가 부모에게 대들기 시작합니다. 시키면 시키는 대로 고분고분 따르던 아이가 부모의 지시를 거부하고 때로는 거짓말도 합니다. 그리고 집이나 가족 행사(휴가, 외식)보다는 친구들과 어울리는 것을 더 중요하게 생각하고, 급기야 부모와 얼굴 마주하기를 피하려는 기색마저 뚜렷해지고 맙니다. 정말 이제 아이는 하나의 독립적인 인격체가 되기 시작하는 것일까요?

또래들끼리만 지낼 경우 사회성이 비뚤어질 가능성이 높다

일반적으로 우리는 아이들이 자기 또래와 사귀면서 사회성을 기르고 사회의 책임 있는 구성원으로 자랄 수 있다고 믿습니다. 그래서 아이가 자기 또래들과 잘 사귈 수 있도록 하기 위해 나름대로 여러 가지 시도들을 하기도 합니다.

하지만 실상은 우리의 생각과 정반대입니다. 오히려 아이들이 자기 또래들하고만 보내는 시간이 많아질수록 아이의 사회성은 비뚤어질 가능성이 많습니다.

어른이 없이 또래들끼리만 지내는 아이들은 서로 사이좋게 지내지도 못할 뿐만 아니라, 그들이 속해 있는 기성사회에도(가정이나 학교) 잘 적응하지 못합니다. 패거리를 지어 거리를 몰려다니는 아이들의 사회적 적응 행태를 보면, 또래만의 관계가 건전한 사회성을 유도하기보다는 오히려 부정적으로 작용하고 있음을 잘 알 수 있습니다.

아이들은 아직 미성숙한 인격체입니다. 자기들끼리 모였을 때, 서로 배려하고 존중해주는 성숙한 방식보다는 자기중심적이고 충동적인 방식으로 행동할 가능성이 높은 것이지요.

물론 겉보기에는 자기들끼리 잘 어울리고 똘똘 뭉쳐 있는 듯 보이기도 합니다. 하지만 그러한 결속 이면에는 학대와 강압, 폭력과 왕따 시키기 같은 부정적인 행동 방식들이 숨어 있습니다.

게다가 또래집단에 대한 애착은 아이들로 하여금 부모를 멀리하게끔 만듭니다. 어떤 때는 지나칠 만큼 또래와의 만남에 집착하기도 합니다. 자신을 10년 넘게 길러준 부모보다 또래집단에 더 강한 애착을 느끼는 것이지요. 그래서 부모는 서운하고 그런 아이가 원망스럽기조차 합니다. 아이들의 이러한 경향을 또래 지향성이라 하는데, 현대 사회에 두드러지게 나타나고 있는 아이들의 속성이기도 합니다.

더 심한 경우 부모에게 노골적으로 적대감을 드러내기도 합니다. 부모가 보기 싫다고 악을 쓰고, 부모의 말끝마다 토를 달며 대들고, 부모의 지시에 무조건 불응하는 것이지요. 그리고 툭하면 집을 나가 친구들과 어울리고, 밤늦도록 거리를 헤매기도 합니다. 화가 난 부모가 외출을 못하게 하면 자기 방에 틀어박혀 시위를 합니다. 부모로서는 열불 터질 노릇인 것이지요.

부모와 함께 밥 먹는 것조차 못 견뎌 할 정도로 부모를 외면하는 아이 앞에서 부모는 더 이상 따뜻하고 평온한 감정을 유지하기가 힘들게 됩니다. 그저 '원수덩어리'라는 증오와 한숨만 내뱉을 뿐이지요. 그렇게 사랑스럽고 부모를 잘 따르던 아이가 어느덧 괴물로 변해버린 것입니다.

아이의 궁극적 애착은 부모를 향해야 한다

아이가 자기 또래의 아이들과 잘 어울리는 것은 자연스러운 일입니다. 하지만 그것은 어디까지나 부수적이어야 합니다. 음식으로 치면 주식이 아닌 부식이 되어야 한다는 이야기지요. 아이의 궁극적 애착은 또래집단이 아니라 부모와 가족을 향하고 있어야 하기 때문입니다.

하지만 이 시대는 부모와 자식, 어른과 아이 사이의 애착을 그다지 중요하게 생각하지 않습니다. 부모와 아이가 함께 밥을 먹고, 온 가족이 모여 함께 잔치를 벌이고, 집안일을 어울려 같이 하고, 한가할 때면 냇가에서 고기를 잡아 매운탕을 끓여 먹으면서 인생살이에 대한 교훈을 듣는 것과 같은 일들을 경험하기가 무척 힘든 시대입니다. 부모는 그저 열심히 돈을 벌어 아이의 학교 점수 올리는 데만 전력 질주해야 하는 그런 시대가 되고 만 것이지요.

한편 성적표는 아이에 대한 부모의 태도에 결정적인 영향을 미칩니다. '아니 이게 뭐야, 어떻게 이런 점수를 받을 수 있지!', 아이에 대한 실망감이 너무도 커서 부모는 아이를 무시(또는 멸시)하게 됩니다.

아이는 이것을 무척 예민하게 받아들이게 됩니다. 엄마의 표정과 마음이 아이에게 그대로 전해지는 것이지요. 아이는 부모가 자신을 한심하고 나쁜 아이로 생각하고 있으며, 자신을 미워한다고 믿기 시작해버립니다. 부모와 아이의 관계가 어긋나기 시작하는 것이지요.

사실 앞서 이야기했듯이 아이의 가장 큰 목표는 부모의 관심과 지지라고 할 수 있습니다. 나이가 많고 적고를 떠나 아이는 부모가 자신을 존중하고 지지해주기를 바랍니다. 그러한 지지와 관심을 얻기 위해 어릴 때는 부모의 말을 잘 듣는 것이지요. 하지만 더 이상 부모로부터 관심과 지지를 받지 못한다고 믿게 되면 아이는 애착의 결핍을 해결해줄 다른 대상을 찾게 됩니다. 가장 손쉽게 다가오는 것이 바로 또래집단입니다.

부모의 관심과 지지가 자기로서는 도저히 감당할 수 없는 조건들을(좋은 성적, 부모의 화풀이 대상, 변덕스런 부모의 대응 따위) 전제로 한 것임을 알고 나면, 아이는 부모로부터 벗어나 또래집단으로 향하게 됩니다. 거기서는 손쉽게 지지를 얻을 수 있기 때문입니다. 아이들이 하는 대로 따라 하기만 하면 되기 때문입니다. 아이들이 원래 그렇듯이 충동대로 함께 움직이면 되는 것입니다.

부모와 아이 사이, 애착과 신뢰를 회복해야 한다

아이가 애착의 근원을 부모에게서 또래집단으로 이동하게 되는 계기는 여러 가지가 있습니다. 앞서 이야기한 것처럼 성적에 대한 극단적 실망을 비롯해, 부부 사이의 원활하지 못한 관계로 인한 부모의 갈등과 이혼, 경제적 어려움이나 질병으로 인한 아이에 대한 무관심과 방치 이 모든 것들이 아이의 애착 욕구를 좌절시키는 상황들입니다.

일단 부모에 대한 의존과 신뢰가 무너지고 아이의 애착이 또래집단으로 이동하고 나면, 아이는 부모에 대한 극단적인 분노와 반항을 보이며 공격적인 성향을 띠게 됩니다. 일종의 복수가 시작되는 것이지요. 자기를 버린(애착관계를 끊어버린) 부모에 대한 복수 말입니다.

이런 상황에서 부모가 해야 할 가장 중요한 일은 아이에게 아이 자신이야말로 부모가 원하고 사랑하는 바로 그런 존재라는 확신을 심어주는 것입니다. 아이는 부모의 사랑을 얻기 위해 무엇인가를 잘해야 할 필요가 없습니다. 부모와 자식의 관계는 뭔가 잘해야 사랑을 받고, 그렇지 않으면 사랑을 받지 못하는 그런 관계가 아니기 때문입니다.

그러므로 아이가 때때로 부모가 싫어할 만한 성격과 행동을 보인다고 해도 부모는 여전히 사랑과 지지를 아끼지 않아야 합니다. 그리고 아이가 그런 사실을 확신할 수 있도록 해야 합니다. 이러한 무조건적인 사랑은 또래들에게서는 결코 얻을 수 없는 것입니다. 또래집단은 끊임없이 아이에게 인정받을 수 있는 어떤 행동을 요구하기 때문입니다.

또래에 집착하고 있는 아이를 부모에게로 끌어오기 위해서는 또래집단과의 단절(이사 또는 부모와 여행 가기 등)이 필요하지만 그것이 목표가 되어서는 안 됩니다. 진짜 목표는 부모와의 애착관계를 회복하는 것이어야 합니다.

또래집단과의 애착관계가 끊어지면 아이는 다시 애착 결핍의 상황에 마주치게 됩니다. 이때 아이는 절망적인 분노와 공격성으로 부모를 대할 가능성이 아주 높습니다. 아이가 이러한 행동을 보일 때 부모가 어떻게 대응하는가 하는 문제는 무척 중요합니다. 결코 아이에게 분노를 보여서는 안 됩니다. 아이를 제압하려 해서도 안 됩니다. 대신 아이의 절망에 공감하는 것이 중요합니다. 아이의 좌절된 욕구(또래집단과의 단절된 애착관계)에 대한 이해와 동의, 아이를 향한 지지와 존중하는 마음을 지켜나가는 것이 필요합니다.

부모는 어떤 상황에서도 아이에 대한 감정적 단정('너 같은 애는 정말 처음 봤다, 인간이 왜 그 모양이니?' 같은)을 마음에 품어서는 안 됩니다. 오히려 부모는 변함없이 아이의 감정적 지지자로 남아 있어야 합니다. 아이가 절실히 요구하는 것은 지적인(또는 도덕적인) 동의가 아니라 심리적 공감과 이해이기 때문입니다.

외롭고 상처받은 영혼,
친구를 왕따 시키다

미국국립보건원 원숭이연구소에서 아주 의미 있는 실험을 했습니다. 원숭이들 가운데 일부 새끼 집단을 어미 원숭이들로부터 떼어내 자기들끼리 보살피며 자라도록 한 것입니다. 그 결과, 또래지향적인 환경에서 자란 새끼 원숭이들 가운데 다수가 폭력적인 행동을 보였다고 합니다. 그리고 결국에는 충동적이고 공격적이며 자멸적인 어른 원숭이로 성장했다고 합니다.

이것은 동물의 세계에서도 세대 사이의 위계질서(애착)를 없애버린 결과, 인간 사회에서 나타나는 왕따와 같은 폭력이 또래집단 사이에서 나타난다는 사실을 보여준 것입니다.

비행을 저지르는 아이들의 경우, 대개 3살 미만 때에 정서적으로 안정감이 형성되지 못했던 것과 관계가 있다고 합니다. 어릴 때에 엄마가 아이를 충분히 안아주거나 관심을 가져주지 못했다는 이야기입니다. 이런 아이들은 정서적으로 불안정해서 차분하지 못하고, 친구를 때리거나 물거나 하는 공격적인 행동을 보이기도 합니다.

이런 행동은 부모가 다그치고 꾸짖는다고 해결되지 않습니다. 오히려 야단(적대적 감정)보다는 엄마가 그 원인을 잘 헤아려 스킨십을 많이 해주고 아이의 짝이 되어 재미있게 놀아주면, 공격적인 행동이 점점 줄어들고 표정도 밝아질 뿐 아니라 대화도 잘하게 됩니다.

왕따 당하지 않기 위해 왕따 시키다

정서발달 상태를 연구하기 위해 아이들을 합숙시켜 보면, 안아달라거나 업어달라며 스킨십을 요구하는 아이들이 있다. 이때 연구진들은 되도록 아이들이 원하는 대로 해준다. 그러다 보면 합숙 중 대부분의 시간을 연구진들에게 몸으로 응석을 부리는 아이가 생기는데, 그 응석이 아주 집요하다. 응석을 부릴 뿐만 아니라 몸이 불편하거나 자신보다 약해 보이는 아이를 괴롭히기도 하는데, 그 괴롭히는 방법이 잔혹하기까지 한 경우도 있다.

그 까닭은 약해 보이거나 몸이 불편한 아이들을 아무래도 연구진들이 신경을 많이 쓰고 챙겨주게 되는데, 이것을 질투하기 때문이다. 이런 아이들의 엄마들이 하는 이야기를 자세히 들어보면, 엄마가 아이에게 해주는 스킨십의 빈도가 거의 없는 경우가 대부분이다. -《아이의 손을 놓지 마라》(고든 뉴펠드, 가보마테 지음) 중에서.

아이들의 삶에서 어른의 부재가 왕따와 괴롭힘의 주요 원인이 된다는 것은 사실입니다. 하지만 그 뒤에 숨어있는 진짜 원인은 어른과의 애착 결핍이라 할 수 있습니다.

자신을 상습적으로 때리는 의붓아버지와 함께 살았던 아이가 있습니다. 이 아이가 폭력 지배적인 부모에게서 또래에게로 애착 관계를 옮겨가게 되면, 12살짜리 이 소년은 또래들 사이에서 필사적으로 지배(애착)의 자리를 차지하기 위해 애쓰게 됩니다. 다시 말해 자신이 관심을 얻기 위해 다른 누군가를 왕따 시키는 일을 감행하게 되는 것이지요.

왕따 가해자는 늘 또래집단 안에서 누가 지배권을 쥐고 있는지 보여주고 싶어 합니다. 그래서 아이들을 통제하는 일에 집착하는 것이지요. 생색내기, 모욕주기, 업신여기기, 깎아내리기, 자존심 상하게 하기, 비웃고 놀리기, 망신주기를 비롯해 갖가지 수단을 동원해 약한 아이를 괴롭힙니다. 다양한 방식을 동원해서 다른 아이를 바보나 멍청이처럼 보이게 만들고 부끄러움을 느끼게 만드는 것을 즐겨 합니다.

왜 그럴까요? 본래부터 가학적 공격성을 타고났기 때문일까요? 사실 이런 식의 행동은 자기 나름대로 살아남기 위한 방식이라 할

왕따 가해자라는 거친 껍질 아래에는 깊이 상처받고 철저히 외로운 어린 아이가 웅크리고 있습니다. 그 강퍅한 껍질을 녹아내리게 할 수 있는 것은 훈계가 아니라 진심으로 아이를 아껴주고 보살펴주는 어른과의 친밀한 관계입니다.

수 있습니다. 왕따 가해자는 그렇게 함으로써 다른 아이에게 쏠릴 수 있는 관심을 차단시키고, 관심이 자신에게로 집중되도록 할 수 있다고 믿는 것입니다. 곧 왕따 당하지 않기 위해 먼저 누군가를 왕따 시키는 것이라 할 수 있습니다.

왕따 가해자는 다른 누군가가 자기보다 중요한 사람이 되는 상황을 못 견뎌 합니다. 예전에는 부모 밑에서 어쩔 수 없이 당한 상황이었지만 이제는 자기 힘으로 그 상황을 바꾸고 싶어 하는 것이지요. 따라서 왕따 가해자의 가학적 행동은 어려서 경험한 어른과의 애착 결핍에 대한 일종의 피해의식 또는 방어기제의 발동이라 볼 수 있습니다.

어른과의 부족한 애착관계가 만들어내는 왕따

본인은 알아차리지 못하고 있을지 모르지만 왕따 가해자들은 어른과의 애착 상실과 또래들과의 빈곤한 애착관계로 인한 좌절감으로 가득 차 있습니다. 그 좌절감을 이겨내기 위한 나름의 방식으로 왕따 시키기를 선택하는 것일 뿐입니다.

왕따 가해자는 자기가 좋아하는 아이에게 가까이 다가가기(애착 형성) 위해 다른 아이들과 그 아이를 멀어지게 하는 방법을 씁니다. 그것이 괴롭힘이나 비난 또는 바보 만들기 같은 왕따 행위로 나타나는 것입니다. 이런 식의 접근법은 자신이 상처받거나 거부당할 위험을 그만큼 줄여줍니다.

이처럼 왕따 가해자의 거친 외양 이면에는 깊이 상처받고 철저히 혼자인 어린 아이가 웅크리고 있습니다. 겉보기에 두려울 정도로 강퍅한 그 아이의 껍질은 진심으로 보살펴주는 어른이 있을 때에야 비로소 녹아내립니다.

언젠가 왕따 가해 학생에게 '모두가 너를 두려워하니까 기분이 어떠냐?'고 물어본 적이 있습니다. 그러자 아이는 '친구들이 많긴 하지만 진짜 친구는 하나도 없다'며 흐느끼기 시작했습니다.

왕따 가해자를 바른 길로 이끄는 방법은 그 아이를 어른과의 적절한 애착관계로 끌어들이는 것입니다. 그리하여 아이의 방어기제(왕따 시키기)를 약화시키고, 애착에 대한 아이의 허기를 채워주는 것입니다. 다시 말해 아이의 외로운 마음을 보듬어주는 것이 해결책인 것입니다.

왕따 피해 아이를 보호하는 가장 좋은 방법도 역시 마찬가지입니다. 책임 있는 어른과의 건전한 애착관계가 형성되어 있는 아이는 왕따를 당해도 쉽게 상처받지 않습니다. 자신이 비빌 수 있는 확실한 언덕이 있기 때문입니다. 또래 아이들이 무시하거나 외면해도 부모와의 강력한 친밀 관계가 형성되어 있기에 좀 더 대범하고 자신 있게 대처할 수 있는 것이지요. 그렇게 대처함으로써 왕따 가해자를 무력화시킬 수 있게 되는 것입니다.

오늘, 아이에게
　　실패할 수 있는 권리를 주다

불교 사상 가운데 '고성제(苦聖諦)'라는 것이 있습니다. '삶은 괴로움이다'라는 선언입니다. 자신에게 닥쳐온 불행 앞에서 좌절하는 사람에게 떠오르는 첫 번째 의문은 '왜 하필 내게 이런 일이 생기는가?'일 것입니다. 이때 '너 뿐만 아니라 모든 이들에게 있어 삶은 원래 그런 것(고통)이다'라는 대답은 홀로 당한다는 고통에서 벗어나게끔 해줍니다.

누구에게나 삶이 그런 것(고통스러운 것)이라면 불행이 훨씬 가볍게 느껴질 수도 있습니다. 나아가 그 고통 앞에서 좀 더 의연해질 수도 있습니다. 삶이 원래 즐겁고 유쾌한 것이라고 믿는 사람에게는 다가온 고통이 견딜 수 없는 절망으로 받아들여지겠지만 삶이 원래부터 어렵고 힘든 것이라 여기는 사람에게는 고통이 더 이상 고통스럽지 않을 수도 있다는 것입니다. 적어도 '왜 내게만 이런 일이…'라며 불평하고 신음할 일은 없어지기 때문입니다.

'하기 싫은 일 하지만 해야 하는 일'을 해내는 연습

　사람은 누구나 편한 것을 바랍니다. 자신이 바라는 대로 세상이 돌아갔으면 합니다. 하지만 세상은 그렇지가 않습니다. 세상살이가 마음대로만 되는 것이 아니기에 어떤 사람들은 자신의 즐거움을 포기하거나 뒤로 미룹니다. 그리고 오히려 힘들고 하기 싫은 일을 스스로 먼저 선택하기도 합니다. 그렇게 하는 것이 자신의 삶을 좀 더 행복하게 만들 수 있으리라 생각하기 때문입니다.

　실제로 즐겁고 유쾌한 일을 잠시 뒤로 미루고, 어렵고 지겨운 것을 먼저 할 줄 아는 자제심은 인생을 규모 있고 행복하게 살 수 있게 해주는 지혜요 능력이라 할 수 있을 것입니다.

　힘겨운 문제를 해결함으로써 얻을 수 있는 자신감과 성취감과 해방감은 그 자체로 커다란 행복이기도 합니다. 또한 어려운 문제를 해결하고 난 다음에 생겨나는 여유와 느긋함은 이제껏 미루어 두었던 즐거운 것(삶의 다른 부분)을 더욱 편안히 누릴 수 있게도 해줍니다.

　그런데 문제는 이런 능력이 누구에게나 그냥 생겨나는 것은 아니라는 데 있습니다. 저절로 얻어지는 것이 아니라 어려서부터 훈련을 통해 길러져야만 가능하다는 것입니다. 실제로 어떤 아이들은 이런 능력을 거의 발전시키지 못해 늘 자기 기분 내키는 대로 행동하고, 충동적으로 일을 저지르며, 자주 싸움을 벌이고, 수시로 남을 향해 신경질을 부림으로써 교사들로부터 문제아로 간주되기도 합니다. 이런 아이들은 고통을 참아내고 해결하려는 의지가 전혀 없으며, 단지 하기 싫은 것들로부터 도망치려고 할 뿐입니다.

이런 아이들의 삶은 점점 더 고통스러워질 수밖에 없을 것입니다. 나이가 들수록 자기 마음대로 움직여주지 않는 영역은 많아지고, 사회라는 냉정한 현실에 부딪힐 수밖에 없기 때문입니다. 따라서 아이가 장차 행복한 인생을 살아가도록 하고 싶다면, 부모는 아이에게 어려서부터 자기가 원하는 것을 잠시 뒤로 미루고 힘들고 하기 싫은 일부터 먼저 처리하는 습관을 길러줄 필요가 있습니다.

아이의 일을 부모가 대신 해주는 순간, 아이의 불행이 시작된다

숙제는 아이들에게 고통스러운 일입니다. 그렇다고 부모가 숙제를 대신 해준다면 아이를 불행하게 만드는 것이 됩니다. 어느 부모도 힘들고 어려운 일을 모두 다 해결해줄 수는 없습니다. 결국 아이는 힘들고 하기 싫은 일을 해야만 하는 상황에 마주칠 수밖에 없습니다.

아이가 숙제를 잘 못해서 끙끙 대는 모습을 보고 있노라면 부모의 입장에서는 안타까울 것입니다. 더구나 숙제를 썩 잘하지도 못하고, 그야말로 괴발개발로 해놔서 학교에서 좋은 평가를 받기 어려워 보이면 부모 입장에서는 화가 나기도 할 것입니다. 혹시나 아이가 교사로부터 나쁜 평가를 받아 의욕을 잃게 되지 않을까, 교사로부터 무시당하거나 외면당하지 않을까 하는 걱정이 앞서는 것입니다. 그러다 보면 아이에 대한 교육적 지원이라는 이름 아래 부모가 나서거나, 돈을 들여서라도 잘해서 보내고자 하는 의욕이 발동하게 됩니다.

아이들은 실수하고 사고 치면서 배워 나갑니다. 그러므로 배움의 과정은 시행착오를 거치기 마련입니다. 따라서 아이가 실수하거나 잘 못해도 그냥 놔두어야 아이 스스로 뭔가 해결해보려는 시도를 하게 되고, 그런 과정을 통해 아이는 자신의 능력을 조금씩 키워 나가게 됩니다. 아이가 힘들어하고 능숙하게 하지 못하더라도 스스로 하도록 내버려두는 것이 진정한 교육적 지원이란 이야기입니다.

아이를 위한다는 부모로서의 의무감에 빠져 모든 배려와 보살핌을 다 바치는 부모의 행동이 아이에 대한 과잉보호임을 부모들은 잘 깨닫지 못합니다. 그저 아이가 모든 걸 잘 못하니 부모인 자신이 힘닿는 데까지 챙겨주어야 한다는 한 가지 생각만으로, 아이가 자발적 능력을 키울 수 있는 기회들을 다 빼앗고 마는 것입니다. 이렇게 자란 아이는 결국 어느 시점이 되면 앞서 등장했던 아이처럼 여러 가지 구실을 들이대며 학교 가기를 거부하게 됩니다.

초등학교에서 중학교, 고등학교로 올라갈수록 부모가 챙겨줄 수 있는 영역은 줄어듭니다. 그에 반해 아이가 스스로 처리하고 해결해야 할 것들은 점점 늘어납니다. 그런데 그동안 스스로 처리하고 해결할 기회를 많이 갖지 못했던 아이에게 상급 학교로의 진학은 그 자체로 너무나 힘든 상황이 되고 맙니다. 그렇다 보니 학교 생활이 힘들고 학교 가기가 싫어지고 마는 것입니다.

'실패를 통해 배울 권리'를 빼앗아서는 안 된다

아이에게는 실패할 수 있는 권리가 있습니다. 부모가 그 실패에 대해 비난과 멸시를 쏟아 붓지만 않는다면 아이는 얼마든지 실패를 이겨낼 수 있는 힘을 갖고 있습니다.

문제는 부모가 아이의 실수나 실패를 보며 "거봐, 내가 뭐라 그랬어? 안 될 거라 그랬잖아! 엄마가 해준다는데 왜 네가 하겠다고 나서서 일을 저질러!"라며 비난하거나 부모가 대신 해주겠다며 나서기를 좋아하는 데 있습니다.

힘들더라도 숙제(하기 싫은 일)를 미루거나 부모에게 떠넘기지 말고 스스로 해놓고 나중에 놀도록 가르침으로써 부모는 아이에게 자제력과 인내심을 훈련시켜야 합니다. 또한 아무리 아이가 하는 것이 부모 마음에 들지 않더라도 아이 스스로 한다는 사실 그 자체를 높이 사고, 부모 역시 기다릴 수 있어야 합니다. '아이를 위해서'라는 부모의 즐거움에 빠져, 아이가 어려움을 경험하고 스스로 이겨낼 수 있는 기회를 빼앗아버리는 것은 너무도 어리석은 일이 아닐 수 없습니다.

부모가 멋지게 해주는 것보다는 여러 모로 힘들고 어설프지만(또는 한심하지만) 아이 스스로 하는 것이 더 낫습니다. 그것이 아이에게 인생을 좀 더 행복하게 살 수 있는 힘을 길러주는 방법이기 때문입니다.

아이 입장에서도 힘들더라도 어떻게든 스스로의 힘으로 숙제(하기 싫은 일)를 해놓고 난 다음에 노는 것이, 해야 할 숙제라는 짐을 부모에게 떠넘겨버리고 노는 것보다 훨씬 더 성취감 있고 마음 편하지 않을까요?

그렇게 하기 위해서는 너무도 잘하는 내 아이의 모습을 보고 싶다는 부모로서의 즐거움을 뒤로 미룰 줄 아는 지혜가 필요합니다. 그리고 기대만큼 잘하지 못하는 아이를 보면서 마음 편하게 바라볼 수 있는 대범함도 있어야 합니다.

앞서 이야기했듯이 세상에는 '잘하는 내 아이'에 대한 부모의 욕심을 '아이를 위해서'라는 부모의 사랑(희생)으로 착각하는(또는 위장하는) 부모들이 많습니다. 그런데 이것이 가져올 결과는 분명합니다. 그것은 아이의 행복을 위해서 반드시 키워주어야 할 자발적 문제 해결 능력을 빼앗아버리는 잘못을 저지르면서도, '나는 부모로서 아이를 위해 할 수 있는 걸 다했노라'고 여기저기 하소연하고, 기대에 못 미치는 아이에 대해서는 원망의 눈길을 보내는 마녀 같은 부모가 되는 것입니다.

존재를 규정하는 비난에 내몰린 아이, 반항으로 맞서다

부모 1: 넌 왜 그렇게 조심성이 없니? 늘 그 모양이야!

부모 2: 간장을 쏟았구나. 이런, 조심해야지. 얼른 물걸레로 닦으렴.

아이가 어쩌다가 간장을 쏟았습니다. 바닥에 쏟아진 간장을 보면서 아이의 잘못을 지도하기 위해 부모는 꾸중을 합니다. 그런데 위에서 볼 수 있는 것처럼 똑같은 상황인데도 부모의 꾸중은 전혀 다르게 나타날 수 있습니다. 그리고 부모의 꾸중에 따라 부모를 대하는 아이의 태도도 결정되기 마련입니다.

부모 1의 경우를 볼까요? 부모는 아이의 실수를 꾸짖으면서 아이에게 '늘 그 모양인 애'라는 딱지를 붙이고 있습니다. 부모는 아이의 인격 내지는 본성을 판단하고 있는 것이지요. 그런데 아이의 어떤 행동을 통해 그 아이의 본질(전체)을 규정하는 이런 투의 의사소통은 아이를 절망하게 만듭니다.

'넌 맨날 말썽만 일으키니? 정말 구제불능이구나!' 와 같은 말들이 부모의 입장에서 보자면 너무 화가 나서 별다른 생각 없이 하는 순간적인 말일 수도 있습니다. 그러나 이런 식의 말, 곧 아이에 대한 부모의 '딱지 붙이기식 말투' 는 아이에게 부모를 상대하기 싫은 존재로 규정하게 만듭니다. 자기를 구제불능이라 규정하는 부모에게서 아이가 어떤 희망을 볼 수 있을까요? 아이로서는 부모와 더 이상의 대화가 불가능하다는 절망감을 갖게 될 수밖에 없을 것입니다.

야단을 칠 때는 구체적 사건만 언급해야 한다

이제 부모 2의 경우를 볼까요? 부모는 지금 벌어진 문제 상황만을 말하고 있습니다. 아이가 실수를 해서 간장 종지를 엎었고, 그 때문에 바닥이 더러워진 상황 말입니다. 이러한 진술에는 아이의 인격을 규정하는 어떤 말도 들어 있지 않습니다.

그 다음에 부모는 문제 상황을 해결하기 위해 아이가 해야 할 행동을 지적해주고 있습니다. 여기서 아이는 부모가 문제 해결을 위한 의논 상대가 될 수 있다는 사실을 배우게 됩니다. 자신이 저지른 실수 때문에 생겨난 문제 상황을 해결할 수 있는 길을 부모가 보여주는 역할을 하고 있기 때문이지요. 아이의 입장에서는 부모가 자기편인 셈입니다.

그런데 부모가 정작 문제 해결 방법에 대해서는 아무런 말이 없고, 인격이나 존재를 깔아뭉개는 말만 늘어놓을 때, 아이는 부모를 어떻게 느끼게 될까요? 놀라고 당황해하는 자신에게 기다렸다는 듯 물어뜯으며 궁지로 몰아넣는 저승사자처럼 느끼지 않을까요? 이런 상황에서 아이는 결코 부모를 자기편이라고 여기지 않을 것입니다. 물론 부모에 대해 좋은 감정을 가질 수도 없을 것입니다.

그렇다면 부모는 아이가 말썽을 일으켰을 때 화도 내서는 안 된다는 말일까요? 그렇지는 않습니다. 부모는 화를 내야 할 때 화를 내야 하고, 매를 들 때는 매를 들어야 합니다. 중요한 것은 화를 내고 매를 드는 행동이 품고 있는 의미입니다.

그 행동 속에 아이에 대한 멸시나 인격에 대한 규정이 담겨 있을 때 아이는 절망하게 됩니다. 화가 난 부모가 휘두르는 매는 얼마든지 받아들일 수 있지만 인격에 대한 멸시가 담긴 '딱지 붙이기'는 감당하기가 힘들다는 이야기입니다.

'네가 간장을 엎어 나는 무척 속이 상하고 화가 났다(또는 그래서 한 대 맞아야겠다)'와 '넌 어째 맨날 그 모양이냐!'는 말은 아이로 하여금 부모에 대해 전혀 다른 인상을 갖게 합니다. 앞의 경우는 단지 아이가 잘못한 행동에 대해 부모의 감정과 느낌만을 담고 있지만, 뒤의 말 속에는 '구제불능의 인간' 이라는 아이에 대한 딱지(인격에 대한 규정)가 붙어 있기 때문입니다.

존재를 규정하는 꾸중은 피하라

부모와 자식 사이를 대화 불가능한 적대 관계로 만드는 것은 부모의 꾸중이 결코 아닙니다. 꾸중 속에 담겨 있는 아이에 대한 부모의 불신과 멸시와 판단입니다. '부모 속만 썩이는 한심한 인간' 이라는 판단이 담긴 부모의 말이나 눈길 때문에 아이는 부모와 담을 쌓게 된다는 것입니다.

세상에 자신을 한심한 인간이라고 규정하는 사람과 누가 대화를 하고 싶어 할까요? '나는 한심한 인간입니다' 라고 굴복하든지, 아니면 '내가 왜 한심한 인간이냐' 며 대들든지 두 가지 가운데 하나를 선택할 수밖에 없을 것입니다.

이런 식의 대응관계에서 부모에게 의존할 수밖에 없는 연약한 아이는 처음에는 절망하고 자기를 자책하며 부모를 두려워합니다. 그러나 이것은 어디까지나 아이 자신이 힘이 없다고 느낄 때까지만입니다.

나이가 들어 청소년기에 접어들면 아이는 자신이 당했던 것과

부모와 자식 사이를 대화 불가능한 관계로 만드는 것은 부모의 꾸중이 아닙니다. 꾸중 속에 담겨 있는 부모의 불신과 멸시와 판단인 것입니다. 아이를 꾸중할 때는 아이의 인격이 아닌 잘못된 사건만을 이야기하는 지혜가 필요합니다.

똑같이 부모를 정죄할 만한 이유를 찾는 쪽으로 관심과 태도를 바꾸게 됩니다. 나를 판단한 부모를 판단함으로써 자신의 절망감에 도전하려고 하는 것이지요. 그리하여 부모에 대한 굴복에서 부모를 향한 저항으로 방향을 바꾸게 됩니다.

'그래, 나도 자식으로서 잘하는 것 없지만, 엄마(아빠)는 부모로서 잘해준 게 뭐 있냐?' 는 식의 적대적 감정을 내면에 키움으로써 자신에 대한 자책과 절망을 해소할(변명할) 탈출구를 찾는 것이지요. 자기 존엄(인정받음)을 회복하기 위한 투쟁을 시작하는 셈입니다.

보통 '문제아' 라고 부르는 아이들 역시 자신의 행동이 잘못되었음을 충분히 알고 있습니다. 그런데도 부모에게 대들며 자신의 일탈 행동을 고집하는 것은 부모에 대한 반항의 표시입니다. 달리 뾰족한 해결책이 없는 상황에서, 아이들은 자신에 대한 자책감으로부터 벗어나고, 자신의 자존감을 보상받기 위해 부모의 자격 없음을 부각시키고 있는 것입니다.

'그러는 당신은 얼마나 잘나서!' 라고 외침으로써 부모로부터 받은 상처를 보상받고(또는 복수하고) 싶어 하는 것입니다.

부모, 스스로에게 묻다
'나는 1등 부모인가?'

오래 전의 일입니다. 한 친구가 내게(윤리선생인 내게) 씩씩거리며 따지고 들었습니다.

"도대체 학교에서 윤리 교육을 어떻게 시키기에 애고 어른이고 그 모양이냐!"

이야기는 이러했습니다. 아파트 단지 안에서 걸어가고 있는데 뭔가 머리 위로 떨어졌답니다. 고개를 들어 올려다보니 위층에서 까만 머리통들이 숨는 것이 보였다고 합니다. 그리고 길바닥에는 침 자국들이 남아 있었다고 합니다. 녀석들이 지나가는 사람에게 장난삼아 침을 뱉었던 것입니다.

냉큼 뛰어 올라가보니 초등학교 3, 4학년쯤 되어 보이는 아이 둘이 있었다고 합니다. 그래서 꿀밤을 한 대씩 주고 일장 훈시를 했는데 그래도 별로 뉘우치는 기색이 없어 그 가운데 대장인 듯한 아이의 손을 잡고 집을 찾아갔다고 합니다. 잠시 아이 엄마에게 자초지종을 말하고 있는데, 엄마한테 가자는 말에 울먹이던 아이가 마침내 울음을 터뜨리고 말았다고 합니다.

그런데 황당한 것은 이야기를 다 들은 아이의 젊은 엄마가 그까짓 일 가지고 남의 애를 때리고 기를 죽이냐며 오히려 따지고 들더라는 것이었습니다.

지나칠 정도로 감싸거나, 잔인할 정도로 비난하거나

자기 아이가 잘나기를 바라는 부모의 욕심이 강하면 강할수록 자기 아이를 잘못했다고 꾸짖는 사람에 대해 갖는 불편한 감정은 커질 수밖에 없습니다. 잘난 내 아이를 왜 못났다고 하느냐, 기분 나쁘다는 것입니다.

이렇게 자기 아이를 대단히 잘난 자식으로만 여기다 보면 부모는 정도에 벗어날 정도로 남들 앞에서 자식을 감싸고돌거나, 반대로 자신의 기대에 미치지 못하는 아이를 향해 잔인할 정도로 인격적인 공격을 하는 따위의 극단적인 편집적 태도를 보이게 됩니다.

어떤 부모라도 자기 자식이 누군가에게 혼나는 것은 싫을 수밖에 없습니다. 부모 입장에서는 당연히 자기 아이를 기죽이는 것 같아 기분 좋을 리 없는 것이지요. 하지만 그렇다고 무작정 기를 살려준다고 아이가 하는 대로 내버려두는 것이 득이 되는 것은 아닙니다.

사람은 혼자 살지 않습니다. 늘 다른 사람들과의 관계 속에서 살게 됩니다. 그렇기 때문에 남에 대한 배려와 더불어 사는 삶의 자세를 지킬 줄 모르는 사람은 사회로부터 어떤 형태로든지 불이익(왕따)을 받게 됩니다. 그러니 혼을 내서 기를 죽여야 할 때는 마땅히 그렇게 해야 하는 것이지요. 그것이 아이에게도 좋은 일입니다.

다만 문제는 무엇을 혼낼 것인가 하는 데 있습니다. 대개의 경우 부모는 아이들을 다루는 데 있어 객관적인 기준보다는 자신의 감정에 의존하기가 쉽습니다. 아이의 행동이 자신의 마음에 들지 않기 때문에 성을 내는 경우가 많다는 뜻이지요. 그런데 자신이 느끼고 있는 감정적인 불쾌감을 아이에게 드러낼 때는 도덕적 판단이 인격적 판단으로 바뀌게 됩니다.

아이가 구멍 나고 해진 청바지를 사 입고 들어왔다고 가정해볼까요? 아버지가 보니 옷도 아닙니다. 당장 화를 내며 옷 꼴이 그게 뭐냐, 그걸 돈 주고 샀느냐, 하라는 공부는 안 하고 엉뚱한 짓만 한다며 불쾌한 심정을 그대로 드러내면서 혼을 내고 맙니다. 아이는 주눅이 들어 아무 소리도 못하고 서 있고, 보다 못한 엄마가 끼어듭니다.

"요즘 애들 저게 유행이래요. 저도 입어보고 싶었겠죠."

공부 못하는 것이 비난받을 일은 아니다

사실 아버지는 아이의 성적에 불만이 많았는지도 모릅니다. 물론 옷 모양새도 마음에 들지 않았겠지만 말이지요. 자신은 어렸을 때 아버지가 안 계신 어려운 환경에서도 나름대로 열심히 공부해서 일류 대학 좋은 학과에 들어갔고, 이제 어느 정도 사업도 성공해서 돈도 생기고 살만해졌습니다. 어릴 때 부모님이 별로 해준 것은 없지만, 그래도 학업을 지속하기가 쉽지 않은 어려운 형편 가운데서도 열심히 공부했던 아주 좋은 기억을 가지고 있었던 것이지요.

고생하며 공부한 기억이 있는 아버지는 자기 아이에게는 학원에다 고액 과외에다 자신은 해보지 못했던 것들을 다 해주었습니다. 그런데도 아이의 공부는 영 만족스럽지 못했습니다. 자신이 고생하며 공부한 것을 생각하면 도무지 말이 안 되는 상황이었던 것이지요. '도대체 뭐가 문제일까? 해달라는 것은 다 해주었는데 공부는 왜 그 모양일까?', 아버지는 자신과는 영 딴판인 아들이 몹시도 못마땅했던 것입니다.

아버지는 자기 기대에 미치지 못하는 아이 때문에 생겨난 불쾌한 감정을 쏟아놓을 통로가 필요했습니다. 바로 그때 아이가 찢어진 청바지를 사 입고 나타났던 것입니다. 그렇다 보니 "그래, 네가 그러고 다니는 놈이니까 성적도 그 모양이지!"라며 아이의 인격을 판단하는 말을 해버린 것입니다. 공부 잘하는 아들을 두지 못해 남 보기도 그렇고, 스스로도 화가 나는 아버지 자신의 감정적 문제를 아이의 인격을 거론함으로써 풀려고 했던 것입니다.

사실 공부 못하는 것은 혼낼 일이 아닙니다. 공부 못하는 것이 도덕적인 문제는 아니기 때문입니다. 도덕적인 잘못(남을 배려하지 않거나, 어른에게 무례하게 굴거나 하는)에 대해서는 부모로서 따끔하게 혼을 내고 때로는 매도 들 수 있지만 공부 못하는 것을 가지고 혼을 내고 기를 죽여서는 안 됩니다.

모든 아이들이 1등을 할 수는 없습니다. 그래도 내 아이만은 1등을 해야 한다고 우긴다면 부모의 지나친 욕심인지도 모릅니다. 이것은 '부모 자신이 아이가 보기에 과연 1등 부모인지'를 생각해 보면 잘 알 수 있습니다.

아이가 보기에 세상에는 자기 부모보다 잘난 부모를 가진 아이들이 너무나 많습니다. 하지만 아이는 왜 엄마는 1등 엄마가 되지 못하냐고 비난하지 않습니다. 오늘 하루 1등 엄마가 되기 위해 어떤 노력을 했는지, 왜 노력하지 않았는지 다그치지도 않습니다. 더 잘나고 더 훌륭한 부모들이 주변에 많이 보이는데도 말이지요. 이런 면에서 따져본다면 아이는 나름대로 부모에게 자식 도리를 할 만큼 하고 있는 셈이 됩니다.

부모를 실망시키고 싶지 않은 아이, 성적표를 폐기하다

공부하는 아이를 둔 부모라면 누구나 가장 보고 싶어 하는 것이 성적표입니다. 하지만 정작 당사자인 아이는 부모에게 가장 보이고 싶지 않은 것이 성적표입니다. 가장 가까운 사이인 부모와 자식이 똑같은 대상에 대해 이리도 다른 기대를 품는다는 것은 의미심장하지 않을 수 없지요.

한 쪽은 열렬히 원하는데 다른 한 쪽은 어떻게든 숨기려 든다면 당연히 둘 사이에는 갈등이 생겨날 수밖에 없을 것입니다. 실제로 성적표는 부모와 자식 사이에 갈등을 불러일으키는 요인 가운데 가장 민감한 것이 되고 말았습니다. 어쩌면 부모와 자식 사이를 원한에 사무치게 하는 원흉이 바로 성적표라고 할 수도 있습니다.

학교 들어가기 전까지만 해도 똘똘하기만 하던 아이가 어느 날 학교에서 성적표라는 것을 받아왔는데, 그 성적표를 받아든 순간의 경악스러움이란! 이 아이가 내 아이가 맞나 싶기도 하고, 뭐가 잘못된 것이겠지 싶기도 하고, 이렇게까지는 아닐 텐데 라는 기대를 하며 무너지는 가슴을 추슬러보지만 자신과 아이를 향한 원망은 좀체 사라지지 않습니다. 원한 맺힌 갈등이 시작되는 것이지요.

부모의 자존감을 떨어뜨리는 아이의 성적표

내 아이가 다른 아이들보다 뒤떨어진다는 사실은 부모의 자존심을 무척 상하게 합니다. 나아가 부모로서 아이에게 뭔가 해주어야 할 것을 못해준 것이 아닌가 하는 자책감이 들게도 합니다. 어찌 되었든 내 아이를 남들보다 뒤처지게 할 수는 없다는 것이 부모로서의 본능적 욕구이기 때문이지요. 그렇다 보니 낮은 점수를 받아온 아이를 향해 질책을 하고 맙니다. 사실은 아이를 위로해야 할 상황인데도 말입니다.

"이것밖에 못해? 이것도 성적이냐!"

화가 나기도 하고, 아이의 앞날이 걱정스럽기도 하고, 남들이 알까 봐 당황스럽기도 하고, 자존심 상하기도 하는 부모는 자기도 모르게 소리를 지르고 맙니다. 그런데 아이는 이러한 말에서 본능적으로 부모의 절망감을 읽어냅니다. 자신이 부모에게 절망을 가져다주는 애물단지 취급을 당하고 있다는 당혹스런 상황에 마주치게 되는 것이지요.

　물론 부모는 아이가 이런 말을 듣고 자극을 받아 좀 더 열심히 공부해 흡족한 결과를 가져다주길 바랍니다. 하지만 꼭 그렇게 진행되지만은 않습니다. 아이는 우선 이런 상황을 피하고 싶어 합니다. 부모에게 절망감을 안겨주는 성적표를 받고 싶지 않은 것이지요. 그래서 부모와 자신을 갈라놓는 성적표를 만들어내는 시험이 싫어지게 되고, 그 시험을 치르게 하는 공부가 싫고, 공부를 하게 하는 학교가 싫어지게 됩니다.

　아이는 부모의 절망적인 표정을 본능적으로 감지한다고 했지요? 아직 자생능력이 없는 아이에게 부모의 상실감은 큰 충격으로 다가옵니다. 그러니 당연히 민감하게 반응할 수밖에 없는 것이지요. 앞서 이야기했듯이 이런 상황에서 아이가 살아남는 방법은 부모의 분노 때문에 자신이 버림받는 상황이 벌어지지 않도록 하는 것입니다. 이것이 아이의 생존 본능입니다.

　아이는 어떻게든 성적표를 보여주지 않으려고 기를 쓰게 됩니다. 좀 더 머리가 커서 지능적이 되고 이른바 간이 커지면 성적표를 조작하기도 합니다. 부모에게 좋은 성적표를 보여주기 위해 남의 답안지를 훔쳐보는 아이가 있는가 하면, 교묘하게 둘러대면서 성적표를 폐기처분해 버리는 아이도 있습니다. 아주 영악한 자식을 둔 덕분에(?) 고등학교 3년이 다 지나고 대학 입학 응시원서를 쓰는 날에야 비로소 아이의 진짜 성적을 알고는 울며 주저앉는 엄마도 있습니다.

"이번 시험은 망쳐서 정말 보여드리고 싶지 않아요. 엄마 마음만 상하실 거예요. 죄송해요. 열심히 공부해서 다음 시험에서 만회한 뒤에 보여 드릴게요."

이런 가슴 찡한 멘트에 넘어가지 않을 엄마가 어디 있을까요? 아이들은 살아남기 위해 갖가지 묘안들을 만들어냅니다.

성적보다 중요한 것은 욕구를 참아내며 노력했다는 사실

어차피 성적표는 모든 부모들을 만족시켜줄 수는 없습니다. 왜냐하면 모든 아이들이 1등을 할 수는 없기 때문이지요. 누군가는 반드시 꼴등을 해야만 하는 것이 성적표입니다. 하지만 그 꼴등이 왜 내 아이여야 하는가, 여기에 부모들의 고민이 있습니다.

결국 내 아이가 아닌 다른 누군가가 대신 꼴등을 해주기를 간절히 기도하는 부모가 될 수밖에 없는 것이지요. 내 아이가 남보다 잘해야 한다는 바람은, 결국 다른 아이가 못해줘야 한다는 바람과 똑같게 되는 것입니다.

나는 고등학교에서 윤리를 가르치고 있습니다. 하지만 학교 다닐 때 윤리 시간에 뭘 배웠는지 기억도 나지 않습니다. 그런데도 윤리 선생 노릇을 잘하고 있습니다. 다른 사람들의 경우, 중고등학교 다닐 때 외운 지식이 얼마나 삶에 많은 도움을 주고 있는지 모르겠지만 내 경우를 보자면 큰 영향을 미치지 못하고 있습니다.

그렇다면 도대체 학교 성적표의 의미는 무엇일까요? 성적표는 말 그대로 성적표일 따름입니다. 무언가 목표를 이루기 위해 자신의 다른 욕구를 참아내며 노력했음을 보여주는 표에 지나지 않는 것이지요. 학교라는 울타리 안에서 주어진 과제를 성취하기 위해 열심히 노력한 정도를 보여주는 표인 것입니다.

좀 더 정확히 말하면, 학교 다닐 때 점수 따기를(암기력 훈련) 위해 열심히 노력해본 경험이 있으니 사회에 나가 다른 일을 할 때도 마찬가지로 열심히 할 수 있지 않을까 하는 기대치를 보여주는 표란 것이지요. 따라서 한 사람의 전체적인 능력을 모두 보여주는 표는 결코 아닙니다.

그렇다면 정작 중요한 것은 성적표가 아니라 무엇인가를 열심히 노력해보았다는 사실 아닐까요? 그것이 교과서 외우기든, 운동이든, 악기 연주든, 기계 조작이든, 놀기든, 소설 쓰기든, 영화 만들기든, 개인과 사회에 긍정적으로 기여할 수 있는 어떤 일이라면 똑같은 의미를 갖는다는 것이지요. 그렇다면 굳이 성적표에 매달리지 않아도 괜찮지 않을까요? 반드시 교과서 외우기(좋은 성적 얻기)만을 열심히 해야 한다는 생각에 사로잡힐 이유가 있을까요?

그런데도 '내 아이는 공부를 열심히 해야 한다. 다른 것은 하나도 중요하지 않다' 이런 식으로 생각하고 교과서 외우기만 중요하게 생각하다 보면 아이의 자신감과 잠재적 능력을 억누르고 무시해야 하는 상황에 부딪히고 맙니다. 실제로 많은 아이들이 이런 상황에서 행복하지 못한 학창 시절을 보내고 있는 것이 지금의 현실입니다.

부모가 진정 관심을 가져야 할 것은 아이의 성적이 아닙니다. 아이가 무언가에 몰두하기 위해 자신의 욕구를 참을 수 있는 힘을 키우도록 도와주는 것입니다. 그것이 아이를 평생 먹여살려 줄 진정한 공부요 실력이기 때문입니다.

부모와 아이, 말이 아닌
　　마음을 주고받기로 하다

"엄마가 뭐랬어. 어젯밤에 미리 챙겨 놓으라고 그랬지! 말 안 듣고 빈둥거리더니 꼴좋다! 왜 그렇게 말을 안 들어 먹냐?"

미처 학교 준비물을 챙기지 못해 아침부터 허둥대는 아이를 향해 퍼붓는 엄마의 말입니다. 엄마 입장에서야 아이가 허둥대며 제 일을 제대로 못하는 것을 보고 부모로서 잘못을 지적하고 고치도록 하기 위해 당연히 할 수 있는 말이라 생각할 수 있습니다.

하지만 가만히 생각해보십시오. 엄마가 전하고 싶은 내용은, '엄마 말대로 어젯밤에 미리 준비를 했으면 아침에 이런 꼴을 당하지 않았을 것'이라는 것입니다. 여기서 잠시 한 발 뒤로 물러나 아이의 입장에서 곰곰이 생각해볼까요? 아이는 전날 미리 준비했더라면 아침에 바쁘게 설치지 않아도 되리라는 사실을 과연 몰랐을까요? 아이는 전혀 알지 못하던 새로운 정보를 엄마에게 들은 것일까요?

이런 경우 대개는 전혀 그렇지가 않습니다. 엄마는 아이도 이미 다 알고 있는 사실을 말했을 뿐입니다. 아이 입장에서는 그다지 '약발'도 없는 정보인 셈이지요. 굳이 엄마가 말로 하지 않더라도 아이 역시 뼈저리게 느끼고 있다는 것입니다. 다만 자신이 알고 있는 바대로 행동이 따라주지 않았을 뿐입니다.

아이의 반항심만 높이는 훈계형 대화

아는 것과 행동하는 것이 따로 노는 것은 비단 아이들만의 문제는 아닙니다. 어른들도 늘 그러며 살고 있습니다. 주변을 둘러보십시오. 알고 있는 바대로 실천하지 못해 곤란을 당하는 아이들이 많은지, 어른들이 많은지 말이지요. 부모 역시 자신들의 그런 모습을 보며 살아가고 있습니다. 그러므로 아이를 탓하며 화낼 일이 아니라는 것이지요. 좀 더 정확히 표현하자면 그렇게 비난할 일이 아니라는 이야기입니다.

엄마는 아이에게 새로운 지식을 주고 있는 것이 아닙니다. 그저 아이를 비난하고 있을 뿐입니다. 아이가 알고 있는 대로 실천하도록 하기 위해 그런다고 말할 수도 있을 것입니다. 그러나 이런 식으로 비난하는 것은 아이의 태도를 바꾸지 못합니다. 물론 한두 번 정도는 먹혀들 수도 있겠지요. 하지만 그뿐입니다.

문제는 이런 비난이 아이와 부모의 관계를 망쳐 놓는다는 사실입니다. 아이는 늘 자기에게 비난만 하는 엄마의 말을 점점 따르지 않게 됩니다. 그러다가 나중에는 똑같이 비난하면서 엄마에게 대들기 시작합니다. 엄마의 지시를 못 들은 척 무시하거나, 갖가지 이유를 대며 토를 달고 피하거나, 엄마를 속임으로써 순간순간 모면하려고 합니다. 능글맞게도 일부러 엄마가 속상해하는 짓을 저질러 속을 긁어놓거나, 어떤 경우에는 거친 욕설과 파괴적 행동으로 맞서기도 합니다.

아이가 엄마에게 말대꾸나 저항을 안 한다고 해서 안심할 수 있는 것은 아닙니다. 아이는 속으로 엄마가 자신을 향해 해대는 비난이 얼마나 잘못된 것인지를 수도 없이 곱씹고 있기 때문입니다. '엄마는 뭐 얼마나 잘해서? 엄마나 잘하세요!' 라며 아이는 엄마의 실수와, 말과 행동의 불일치를 날카롭게 기억해 되새김질하면서 자신의 죄 없음을 항변하고 있는 것입니다.

대화는 단순히 말을 주고받는 것만이 아닙니다. 자신의 주장과 요구를 상대에게 제시하고 상대로부터 수용 또는 거부라는 반응을 받았다고 대화가 온전히 이루어진 것은 아니라는 말입니다.

일상생활 속에서의 의사표현은 굳이 말로 하지 않더라도 얼마든지 가능합니다. 우리는 몸짓이나 눈빛만으로도 상대가 무엇을 원하는지 능숙하게 알아냅니다. 때로는 별다른 정보 없이 그저 분위기만으로도 무엇을 해야 할 것인지 본능적으로 파악해내기도 합니다.

자신이 말하고 싶은 내용을 상대에게 전달하는 것으로 또는 말을 통해 상대방의 의도를 파악하는 것으로 대화의 기능이 충족됐다고 보는 사람들은 대화에 실패한 사람이라 할 수 있습니다.

대화, 말이 아니라 마음을 주고받는 것이다

대화의 진정한 목표는 의사전달이 아니라 언어를 매개로 한 상호 교감, 곧 상호관계 형성에 있습니다. 말로 주고받는 내용보다도 더 중요한 것이 대화를 통해 느끼게 되는 상대와의 친밀감이란 뜻입니다. '수다의 내용'이 지니는 의미보다 '수다를 통해 만들어지는 관계'가 더 중요한 것처럼 말입니다. 이런 의미에서 여성들의 수다는 아주 강력한 의미와 가치를 갖는다고도 할 수 있습니다.

부모와 자녀 관계도 마찬가지입니다. 부모와 자식 사이에 대화가 부족하다는 이야기는 단지 서로 말을 많이 하지 않는다는 뜻만은 아닐 것입니다. 사실 부모 자식 사이에 주고받을 대화 내용이 많으면 얼마나 많을까요? 서로의 관심과 취미가 다르고, 나이 차이가 주는 문화적 간격이 넓은 상황에서 말입니다.

대화 없음의 진짜 의미는 관계 악화를 말합니다. 따라서 대화를 할 때는 단순히 하고 싶은 말을 전달하는 것이 아니라 관계를 좋아지게 하기 위한 쪽으로 방향을 잡아야 합니다. '이 말을 했을 때 아이와 관계가 더 좋아질까 아니면 나빠질까?' 라는 관점에서 대화에 대해 고민을 해야 한다는 이야기입니다.

그렇다고 상사의 비위를 맞추기 위해 위장하듯 말하라는 것은 아닙니다. 진짜 친하고 소중한 친구에게 하듯이, 고민해가며 말을 골라 하라는 뜻입니다.

비난을 위한 말하기가 아니라, 아이의 자존심도 세워주고 문제 해결에도 도움이 되고 싶은 애틋한 마음으로 아이에게 다가가 말을 거는 것입니다. 이것이 진정한 대화일 것입니다.

멸시와 빈정거림에 지친 아이, 차라리 매를 선택하다

학부모가 담임교사를 찾아와 '우리 애 많이 때려 주세요'라고 말하던 시절이 있었습니다. 맞아야 사람 된다는 식의 생각이 통하던 때였습니다.

인권에 민감한 요즘 사람들에게는 너무도 비인격적이고, 몰상식하고, 전근대적인 교육 관념이라고 지탄받을 만한 일일 것입니다. 그래도 어찌 되었든 그때에는 이러한 말이 의미가 있었습니다. 자식을 사랑하면 매를 아끼지 말라는 훈계가 당연하게 받아들여지던 때였기 때문이지요.

요즘은 자기 아이에게 매를 댔다고 학교로 쫓아와 교사의 머리채를 휘어잡는 학부모도 있습니다. 남의 집 귀한 자식을 왜 함부로 손찌검하느냐는 식이지요. '가르치기나 하지 왜 때려?', 때릴 권리는 주지 않았다는 것이 이런 사람들의 주장입니다.

'폭력 없는 학교에서 살고 싶어요', 참 좋은 이야기입니다. 누구나 동의할 만한 표어입니다. 여기서 도발적인 질문을 한번 던져보겠습니다. 그런데 과연 이것이 가능할까요? 폭력 없는 학교, 폭력 없는 가정, 폭력 없는 사회, 더 나아가 폭력 없는 세상. 누구나 하기 좋고 듣기 좋은 구호이기는 한데 이것이 과연 가능한 이야기냐는 것입니다.

회초리보다 더 견디기 힘든 언어폭력

폭력이 없다는 말의 의미부터 따져보겠습니다. 아마도 '폭력 없는 학교'란 교사에 의한 체벌이 없는 학교라는 의미일 듯합니다. 거기다가 선배나 친구(가끔은 후배)에 의한 구타가 없는 학교라는 의미를 덧붙인다면 충분히 그 뜻하는 바를 다 드러낸 것이라 할 수 있습니다. 이런 의미에서 보았을 때, 체벌과 구타만 없앨 수 있다면 우리는 폭력 없는 학교를 만들 수 있다는 이야기가 됩니다.

그런데 과연 그럴까요? '생긴 게 여자 같다'는 말을 듣고 자살한 남자 아이가 있었습니다. 자살을 할 정도로 그 아이는 엄청난 상처를 받았던 것이지요. 폭력도 그런 폭력이 없습니다. 하지만 정작 그 말을 던진 사람은 전혀 그렇게 생각하지 않았을 것입니다. 어쩌면 그런 말을 했다는 사실조차 기억하지 못할지도 모릅니다.

그리고 부모나 교사들 역시 매를 때렸을 경우에는 마음이 불편해서 자꾸만 그 일을 되새김질하는 것이 일반적이지만, 말의 경우에는 내뱉어버리고 나면 잊어버리기 쉽습니다. 이처럼 말 한마디에 담긴 폭력의 무게는 좀처럼 객관화할 수 없습니다. 말에 상처받은 마음이라는 것이 회초리에 멍든 종아리처럼 눈에 보이는 것이 아니기 때문입니다.

체벌이 없는 학교가 곧 폭력이 없는 학교는 아닙니다. 전혀 매를 들지 않는데도 매 맞는 것보다 더 두려움의 대상이 되는 교사도 있습니다. 아이들은 그 교사의 얼굴만 마주 대해도 오금이 저린다고 합니다. 맞아본 적이 한 번도 없는데도 그 교사와 이야기를 주고받는다는 사실만으로도 두렵고 고통스럽다고 합니다. 말이 갖고 있는 파괴력 때문입니다.

학원에 간다고 해놓고 피시방에서 놀다가 들킨 아이가 있습니다. 엄마는 이 사실을 알고 매를 들었습니다. 그런데 얼마 뒤 엄마의 기대와는 달리 똑같은 일이 다시 되풀이되었습니다. 엄마는 할 수 없이 아빠에게 사실을 알려야겠다고 아이에게 말했습니다. 그러자 아이는 '제발 엄마가 혼내는 걸로 끝내주세요'라며 매달렸습니다. 아빠는 전혀 매를 들지 않는 사람이었습니다. 그저 앉혀놓고 대화를 할 뿐이었습니다. 그런데 아이 처지에서는 그것이 더 고통스럽다는 것이었습니다. 그냥 몇 대 맞고 끝내는 게 훨씬 인간적(?)이라는 것이 아이의 생각인 것이지요.

대화를 가장한 폭력

체벌과 연관된 논쟁의 진짜 핵심은 체벌을 할 것이냐 말 것이냐의 문제가 아닙니다. 매가 되었든 말이 되었든 그것은 상황에 따라 선택할 수 있는 의사소통의 수단 가운데 하나일 뿐입니다. 그 가운데 어느 것이 절대적으로 더 낫다고 할 수는 없습니다. 어느 쪽을 택하든 사람에 따라, 상황에 따라 그 쓰임새와 의미가 다를 수 있기에 '체벌=폭력', '말=비폭력' 이라는 등식으로 단순화할 수는 없다는 뜻입니다.

문제의 핵심은 매개체의 종류(체벌이냐 대화냐)가 아니라 그 매개체를 통해서 어떤 의미가 전달되느냐 하는 것입니다. 곧 매개체에 대한 아이의 해석이 중요하다는 것이지요. 사실 매가 폭력이 되는 이유는 매가 지닌 물리적 속성 때문이 아니라 그 매를 통해서 전달되는 의미 곧 증오와 멸시 때문입니다. 맞는 아이는 자신이 멸시와 증오의 대상이 되고 있다는 사실에 충격과 상처를 입는 것입니다.

말 역시 마찬가지입니다. 대화를 한다고 하지만 실상 그 대화의 의미가 아이에 대한 증오와 멸시인 경우, 이는 똑같이 폭력으로 작용하게 됩니다. 그 대화의 내용이 무엇이냐 하는 것은 부차적인 관심거리인 것이지요.

진짜 중요한 것은 대화의 배경입니다. 대화의 분위기가 '너는 한심한 놈이야, 쓰레기 같은 짓만 하네, 네 인생 앞길이 훤하다'는 식으로 아이를 탓하는 것이라면, 그 대화에서 인격적인 교감은 기대하기 힘들 것입니다. 이런 의미에서 보면 차라리 아무런 감정 없이(멸시한다는 느낌을 전하지 않고) 몇 대 때리고 마는 것이 상대적으로 훨씬 더 인격적이고 교육적이며 호소력이 있다고 할 수도 있을 것입니다.

실제로 교사나 부모의 회초리에 증오심과 멸시의 감정이 동반되지 않는 한 아이들은 매에 대해 그다지 민감하게 반응하지 않습니다. 특히 남자 아이들의 경우는 더욱 그렇습니다.

우리의 소중한 아이들을 상처주고 아프게 하는 것은 회초리가 아니라 부모와 교사들의 가시 돋친 말입니다. 말 속에 담긴 멸시와 미움, 빈정거림입니다. 아이에게 매를 들기 전에 고민하듯, 이제는 말을 내뱉기 전에 고민해야 할 것입니다. 부모이고 교사인 우리의 입에서 폭력이 난무하지 않도록 말입니다.

효과 없는 잔소리
승자 없는 싸움, 마침내 끝내다

"네 엄마가 말이야…"

가끔 상담을 하다 보면 '엄마'라는 말을 듣는 순간 얼굴이 일그러지는 아이들이 있습니다. 어렸을 때 엄마는 아이의 모든 것이었습니다. 그리고 나이를 먹고 웬만큼 어른이 되었다고 생각하는 20대 초반의 나이에, 태어나 처음 집을 떠나 군대에 가서 고된 훈련을 받는 훈련병들에게 엄마라는 단어는 울컥 울음을 터뜨리게 만드는 그리움의 샘이기도 하지요. 하지만 일류 대학에 들어가기 위해 점수 따기 전쟁을 치르고 있는 고등학생들에게 있어 엄마라는 단어는 스트레스를 불러일으키는 대표 주자일 뿐입니다.

"허구한 날 공부, 공부, 지겨워 죽겠어요!"

엄마와 얼굴을 마주 대하고 목소리를 듣는 것 자체가 짜증이 되어버린 아이들, 집에 들어가기도 당연히 싫겠지요. 엄마 얼굴을 보자마자 스트레스에 시달리기 때문입니다. 집에 들어간다 해도 자기 방에 꼭 처박혀 문을 걸어 잠그고 '공부 방해하지 말라'는 명분하에 엄마와의 접촉을 일부러 피하기 일쑤입니다.

아이들도 알고 있습니다. 공부를 열심히 해야 한다는 사실을 말이지요. 자신의 문제인데 어찌 고민되지 않을까요? 공부하라는 엄마의 잔소리가 틀린 말이 아니라는 것도 너무나 잘 알고 있습니다. 하지만 잔소리가 싫은 걸 어떻게 할까요?

오랜만에 마음잡고 공부 좀 해보려다가도 공부 좀 하라는 엄마의 말 한마디에 공부할 맛이 싹 달아나 책을 내팽개치고 만다고 고백하는 아이의 얼굴에는 엄마에 대한 조건 반사적인 거부감이 적나라하게 드러나 있습니다. 엄마가 내 속을 긁어놓듯이 나도 똑같이 엄마 속을 긁어놓겠다는 복수심에 찬 아이의 결단 앞에서 엄마와 아이 사이의 관계는 절망적 상태로 떨어지고 마는 것이지요. 당연히 공부라는 '비즈니스'도 뒷전으로 밀려나고 맙니다.

공부도 비즈니스다

중고등학생을 자녀로 둔 여자 동창들이 오랜만에 모였습니다. 입시 준비하는 아이를 둔 엄마들이 모여 하는 이야기라는 것이 주로 자식들 성적 이야기지요. 공부를 죽어라 안 하는 자식에 대한 성토와 탄식이 이어지는 가운데, 아이가 꽤나 공부를 하는데도 유별나게 안달하는 엄마를 보고 친구들이 묻습니다.

"느네 집 애는 공부도 잘하는데 뭐 그리 난리냐?"

그러자 그 엄마는 미안한 듯 어색하게 웃으면서 변명을 합니다.

"안달 안 하면 지금 하는 정도도 안 할까 봐 걱정이 돼서 그렇지 뭐."

요즘의 일반적인 상황을 잘 표현한 말입니다. 엄마는 자신이 안달하는 척이라도 해야 그나마 아이가 공부하는 척이라도 할 거 아니냐는 믿음에 따라 자기도 하고 싶지 않은 잔소리를 마다하지 않고, 아이는 아이대로 하고 싶던 공부도 엄마가 잔소리를 하면 하기 싫어진다는 불만을 터뜨리며 엄마와 담을 쌓는 것입니다. 엄마와 아이 사이에 의사소통이 끊어지고 마는 것이지요.

이런 상황에서는 엄마가 아무리 좋고 바른 말을 해도 절대 받아들여지지 않습니다. 의사소통은 상호이해라는 감정적 기반을 바탕으로 해야 가능하기 때문입니다. 이런 것 없이 주고받는 말들은 괜스레 거부감만 키우고 상대방에 대한 원망만 더하게 할 뿐입니다.

공부도 일종의 비즈니스입니다. 부모와 자식이 함께 하는 사업인 셈이지요. 그렇다면 무엇보다 서로 돕는 것이 중요합니다. 상대에 대한 신뢰와 기대가 우선적으로 깔려 있어야 한다는 이야기입니다. 동업자끼리 서로 믿지 못해 아웅다웅 싸우며 하는 것보다는 서로 믿으면서 도와가며 하는 것이 훨씬 더 효과적이지 않을까요?

비즈니스를 성공으로 이끄는 신뢰와 협력

모든 사업이 그렇지만 눈앞의 이익에 욕심을 내 무리하다 보면 장기적으로 엄청난 손해를 보기 쉽습니다. 공부도 마찬가지입니다. 단기적으로 보자면 지금 당장 아이가 책상에 붙어 앉아 오랫동안 공부하는 모습을 봐야 안심이 됩니다. 그것이 소득이라고 생각하는 것이지요. 하지만 분명한 것은 지금 자리에 앉아 공부하는 것 자체가 목표는 아니라는 사실입니다.

아이를 책상에 앉히는 것보다 더 중요한 것은 부모와의 관계입니다. 다시 말해 가정의 분위기입니다. 지금 당장 공부를 얼마나 많이 하느냐에 매달려, '공부라는 목표를 위해 서로 얼마나 도울 마음의 자세가 되어 있느냐'라는 훨씬 더 근본적이고 중요한 핵심을 놓쳐버린다면 공부라는 비즈니스는 결국 실패하고 말 것입니다.

'공부 왜 안 하냐?'라는 소리와 '맨날 공부만 하래'라는 소리가 서로 부딪히면 집은 더욱 공부하기 싫은 장소가 되고 맙니다. 집과 엄마를 떠올리면 힘이 나고 공부를 해야겠다는 의욕이 생겨야 하는데, 오히려 공부에 대한 거부감과 부정적 감정만 치솟는다면 공부가 제대로 될 리 없겠지요. 비록 잔소리가 싫어 책상에 앉아 있기는 해도 얼마나 효과가 있을까요? 얻는 것보다 잃는 것이 훨씬 많지 않을까요? 오히려 부모와 자식 사이의 쓸데없는 감정적

소모전으로 서로에게 실망과 분노를 심어주고, 어쩌면 인간적 배신감까지도 감수해야 할지도 모릅니다.

자식은 부모가 싫어지고, 부모는 자식이 정말 원수덩어리 같고, '남의 자식들은 잘만 하는데 왜 내가 낳은 자식은 이 모양인가?' 라는 의문과 자책이 들기 시작하면 정말이지 아이가 하고 있는 행동이 원망스럽고 밉게만 보일 것입니다. 이런 부모의 마음이 또 아이에게는 곱게 전달될 리 없겠지요.

아이 입장에서는 부모가 자기 마음도 몰라주고, 그저 괴롭히기만 하는 악마와 같은 존재로 보여질 수도 있을 것입니다. 모두 다 '나'를 위해서라고 말하지만, 사실은 공부 잘하는 자식을 둔 엄마라는 명성을 얻기 위해 '나'를 가혹하게 다루고 있는 것뿐이라는 분노에 찬 생각을 품게 될지도 모른다는 이야기지요. 이런 상황에서 과연 공부라는 비즈니스를 잘해내기 위한 상생적 협력과 에너지가 만들어질 수 있을까요?

장기적인 안목에서 볼 때 공부라는 비즈니스를 성공적으로 해내고 싶다면 아이를 바라보는 시선과 생각을 바꾸어야 합니다. 아이에게 부담감을 주고 다그치기 전에 믿어주고, 기다려주고, 공부하기 싫어하는 아이의 마음을 헤아려주고, 작은 결실이라도 칭찬하고 격려해주면서 서로를 향한 거부감과 불신감을 치유하는 쪽으로 말입니다.

공부는 부모와 아이가 함께 해나가는 비즈니스입니다. 그러므로 가장 중요한 것은 아이와의 관계입니다. 관계가 좋지 않으면 결코 성공할 수 없습니다. 아이를 바라보는 시선과 생각을 바꾸십시오. 부담을 주고 다그치기 전에 믿어주고, 기다려주고, 공부하기 싫어하는 아이의 마음을 헤아려 주십시오.

시험이 요구하는 것과 시대가 요구하는 것

가끔 일간신문을 통해 고교 시험제를 부활해야 한다며 목청 돋우는 사람들이 있습니다. 이때 그들이 평준화가 가져온 대표적인 병폐를 거론하면서 내거는 표어 가운데 '하향 평준화' 라는 것이 있습니다. 고등학교를 평준화시킨 결과 학생들의 학력도 평준화되었는데, 실력이 다 같이 낮아지는 쪽으로 평준화되었다는 주장입니다. 그래서 고교 평준화는 1등 실력을 가진 1등 국민을 없애자는 망국적 제도나 다름없다고 목청을 높입니다.

사실 오늘날의 대학 시험이란 것이 어떤 것인가요? 어떤 사람들은 대학 시험이 종합적인 사고력을 측정하는 것이라고 말하기도 하지만 터무니없는 소리입니다. 객관식 5지 선다형 문제를 내놓고, 그것도 답이 딱 하나로만 떨어지는 문제를 내놓고 종합적 사고력을 측정한다는 것은 정말 어처구니없는 이야기이기 때문입니다. 답이 하나라는 말은 그 자체로 '단순 사고력'을 필요로 한다는 뜻이 깔려 있습니다. 종합적 사고력을 측정한다고 하면 적어도 답이 여럿 나올 수 있어야 정상입니다.

그런데 현재 우리나라 상황에서 답이 여럿 나오는 문제가 가능할까요? 우리네 시험은 오직 하나 말고는 다른 답이 있어서는 안 되는 외통수 문제만을 요구합니다. 그러니 종합적 사고력 운운하는 것은 말장난일 수밖에 없는 것이지요.

그런데 인생살이에서는 결코 답이 하나일 수가 없습니다. 살아본 사람은 누구나 다 아는 사실이지요. 그러므로 인생을 행복하게 살기 위해서는 종합적 사고력이 필요합니다. 너무도 다양한 상황에 갖가지 복잡한 인간관계가 얽혀 있어 변화무쌍한 것이 삶이기 때문이지요.

부모와는 다른 시대를 살아갈 아이들, 따라서 준비도 달라야 한다

이전 세대는 후진국형 학력에 물든 사람들의 시대였습니다. 어떻게 해서든지 선진국이 만들어놓은 것을 빨리 외워 그대로 흉내 내야만 먹고살 수 있었던 시대에 살았던 것이지요. 그때는 '태·정·태·세·문·단·세'를 줄줄이 외워내고, 난해한 수학 공식을(무슨 의미인지도 모르면서) 척척 외워대고, 평생 한 번 써먹지도 않을 이상한 영어 단어의 스펠링이나 악센트를 잘 외우는 것을 학력이라고 말할 수 있었던 시대였습니다.

그러나 지금은 다릅니다. 이제 우리나라는 남이 만들어놓은 것을 외워 흉내 내는 것만으로는 지탱하기가 힘든 위치에 서 있습니다. 그만큼 우리 사회가 발전했기 때문입니다. 이제는 우리 사회가 남들이 하지 못하는 것을 앞서 개척하고 이끌어가야 하는 자리에 있습니다. 따라서 지금 우리에게 필요한 능력은 단순한 암기력이 아니라 다양한 상상력과 기발한 창조력입니다. 남들이 생각하지도 못하는, 어찌 보면 정신 나간 짓 같은(객관성이 없어 보이는) 것에 몰두하고, 그것을 통해 새로운 영역을 개척해내는 것입니다.

그러므로 '누가 더 많이 외울 수 있는가?' 라는 유일한 기준으로 학생들을 경쟁시켜 그 결과에 따라 순서를 매긴 뒤, 암기력이 좋은 아이들만 따로 모아 가르쳐야 하겠다는 발상 자체가 너무도 후진적이 아닐 수 없습니다. 암기력에만 몰두하다 보면 상상력과 창조력이 빈곤해질 수밖에 없기 때문입니다.

우리의 교육이, 암기력은 다소 떨어지지만 뛰어난 상상력을 가진 아이들을 머리 안 좋은 아이로 규정함으로써 그 놀라운 상상력을 발휘할 수 있는 기회를 제한한다면 과연 국가 경쟁력에 득이 될 게 뭐가 있을까요? 암기에만 몰두하는 기계적 바보를 길러내기보다는 적당한 암기력을 바탕으로 상상력과 창조력을 키워 나갈 수 있는 환경을 만들어주는 것이 훨씬 중요하지 않을까요? 그러기 위해서는 아이들이 암기에만 매달려 학원과 독서실을 오가야 하는 상황에 빠지지 않도록 해야 합니다.

사실 고교 평준화는 암기력 위주의 경쟁을 어느 정도 다양한 방면의 경쟁으로 변화시켜주는 계기가 되었습니다. 암기력 시험에 따른 서열화에서 자유로워진 아이들이 다양한 방면으로 자신의 소질과 능력을 뿜어낼 수 있게 되었기 때문입니다. 따라서 학력이 하향 평준화한 것이 아니라 학력이 다양해진 것이라 할 수 있습니다. 학력이라는 것이 '암기력이라는 제한된 영역'에서 '상상력과 창조력이라는 새로운 영역'으로 넓혀짐으로써 오히려 진보한 것입니다.

그렇다면 아이들에게 상상력과 창조력을 키워줄 수 있는 방법은 무엇일까요? 그것은 다양한 경험입니다. 과학 기술은 결국 자연을 흉내 내는 것입니다. 그러므로 우리의 아이들을 어려서부터 말하고, 놀고, 자연과 더불어 경험하기를 통해 자신의 상상력과 창조력을 키워나가도록 가르쳐야 합니다.

천편일률적으로 '공부(암기) 잘해야 훌륭한 사람이 된다'고 말해도 되던 시대는 지나갔습니다. 과거 일제고사 시험에 대한 강박적

향수에 젖어 학력의 하향 평준화 타령만을 하고 있을 겨를이 없습니다. 암기력 위주만의 학력이 아닌, 기발하고 다양한 경험을 통해 얻어지는 새로운 학력을 추구해야 할 시대에 우리는 살고 있습니다. 지금의 아이들이 어른이 되었을 때에는 지금보다 더욱 그러한 시대가 되어 있을 것이고, 단순 암기력이 아닌 기발한 상상력과 창조력을 더욱 요구받게 될 것입니다.

경쟁 없는 핀란드,
경쟁만 강조하는 대한민국

PISA(Programme for International Student Assessment 국제학업성취도평가)라는 시험이 있습니다. 세계 여러 나라의 고등학교 1학년을 대상으로 이루어지는 국제적인 학력 평가 시험입니다. 흔히 이 시험 결과를 놓고 각 나라마다 자국의 교육 경쟁력이 어느 정도인지를 돌아보고 평가하곤 합니다.

다행스러운 것은 우리나라 학생들이 이 시험에서 늘 상위권에 속한다는 사실입니다. 그만큼 우리 사회가 아이들을 열심히 가르쳤다고 자부할 수 있을 것입니다. 나아가 이런 우리의 교육적 역량이 장차 국가 경쟁력을 높이는 데 큰 도움이 될 것이라는 낙관적인 기대를 가질 수도 있을 것입니다.

이 시험에서 우리보다 상위권을 형성하는 나라들 가운데 대표적으로 핀란드를 꼽을 수 있습니다. 그런데 핀란드는 우리와 전혀 상반되는 시스템을 갖고 있습니다. 핀란드는 우리처럼 열심히 아이들을 교육시키지 않습니다. 통계에 따르면 핀란드는 수업시간이 세계에서 가장 짧고, 사교육도 거의 없다고 합니다. OECD가 조사한 결과에 따르면 학교 밖이나 가정에서 공부하는 시간 역시 가장 낮은 것으로 나타났습니다.

반면 우리나라 학생들이 공부하는 시간은 아주 깁니다. 우리나라 노동자들의 노동시간이 길듯이 말입니다. 사실 아침 자율학습, 정규 수업, 방과 후 보충수업, 학원, 저녁 자율학습, 개인 과외로 이어지는 빼빼한 일정은 노동자로 치면 법정 근로시간을 훨씬 넘어선 것입니다. 아이들이 공부라는 과도한 노동에 시달리고 있다는 뜻입니다.

공부는 잘하지만 공부가 전혀 즐겁지 않은 나라

2003년 PISA 수학 부문 결과를 보면, 우리나라는 홍콩과 핀란드에 이어 3위를 차지했습니다. 하지만 수학에 대한 흥미도와 학습 동기는 전체 41개 나라 가운데 각각 31위와 38위였습니다. 성적에 비해 학생들이 수학에 대해 갖고 있는 흥미도와 학습 동기는 너무 낮았습니다. 공부는 잘하는데, 공부가 재미있지는 않다는 뜻입니다.

학습 태도에 대한 조사 결과를 보면, '수학 숙제를 하려고 하면 마음이 무척 무거워진다'는 질문에 '그렇다'라고 답한 비율이 한국은 33.2%, 일본은 51.5%였습니다. 반면 핀란드는 6.7%에 그쳤습니다.

핀란드의 교육은 우리가 잘 알고 있다시피 한국이나 일본에서 벌어지고 있는 입시 교육과는 거리가 있습니다. 핀란드는 교육법에 아예 '사회적 구성주의'라는 원칙을 못 박아놓고 있어 정해진 답을 외우도록 하는 우리의 입시 위주 교육과는 반대쪽에 서 있습니다.

사실 PISA는 기존의 입시 교육과 반대되는 교육에 유리한 시험입니다. 게다가 애초에 정답이 없고, 답을 구하는 과정으로 점수를 매기는 문항이 점점 늘어나고 있는 추세입니다. 그런데 늘 일본보다 한국 학생들이 우수한 결과를 보여주는 것은 무슨 까닭일까요? 우리나라 학생들이 학원에서 입시 교육을 더 많이 받았기 때문일까요?

학원의 수업이란 문제 해결력이나 창의성과는 거리가 먼, 일본 강점기 때 일본으로부터 이어받은 단순 암기식 교육에 지나지 않습니다. 그러니 학원을 통해 이루어진 유능한(?) 사교육 때문에 우리나라 학생들이 일본 학생들보다 우수한 성적을 낸다고 말하기는 어려울 것입니다.

그렇다면 우리나라 교육에 일본의 학교 교육에는 없는 어떤 요소가 있었던 것은 아닐까요? 사교육보다는 공교육 쪽에서 그 이유를 찾는 것이 타당하지 않을까 하는 이야기입니다.

아이들은 경쟁이 아니라 협동하는 과정에서 더 많이 배운다

PISA의 측정 대상은 고등학교 1학년 학생입니다. PISA 성적에 대한 분석을 보면 2000년에 일본 고1 학생들과 비슷한 수준이었던 한국 고1 학생들의 성적이 2003년에 이르러 비약적으로 높아져 핀란드와 어깨를 겨루게 됩니다. 2003년도에 고1이었던 학생들은 이른바 우리나라 열린 교육의 발흥기였던 1998년에서 2000년에 초등학교를 다녔던 학생들입니다. 그리고 각종 다양한 수행평가가 실험되던 2000에서 2002년 사이에 중학교를 다녔습니다.

그렇다면 이런 추론이 가능할 것입니다. '2003년 PISA에서 한국이 우수한 성적을 얻을 수 있었던 것은 공교육에서 시행했던 새로운 교육 방식 때문이었다', 상당히 설득력 있는 추론이 아닐까요?

학생들의 학업 성취도를 높이는 가장 좋은 방법은 흥미와 동기를 불러일으키는 것입니다. 그러나 우리의 교육은 경쟁을 더 좋아합니다. 그래서 학생들에게 평가 점수를 들이대고 등수를 매기고 윽박지르면 학생들이 자극을 받아 열심히 공부해서 뛰어난 학업 성취도를 이룰 것이라고 믿습니다. 그러나 핀란드 교육 당국자들은 이러한 우리의 교육 방식에 동의하지 않습니다.

'경쟁은 교육에 무척 해롭다. 학교는 학생들이 경쟁하는 곳이 아니다. 학생들은 경쟁이 아니라 서로 협동하는 과정에서 더 많이 배운다. 따라서 학교 안에서 지나친 경쟁이 빚어지지 않도록 주의해야

한다.'

이것이 핀란드 교육 당국자들의 생각입니다. 나는 이런 생각에 전적으로 동의하는 바입니다. 경쟁에 대한 부담은 학생들의 사고력을 떨어뜨립니다. 깊은 생각을 할 여유가 사라지게 하기 때문입니다. 그리고 다른 사람과 협동하는 힘을 기를 기회를 빼앗아버립니다. 또 경쟁에서 뒤처진 학생은 지나치게 심한 스트레스를 받게 됩니다.

공부는 즐거운 것이 되어야 합니다. 실제로 공부는 즐거운 것입니다. 모르던 것을 하나씩 알게 되면 그 순간 얼마나 즐겁겠습니까? 그러나 여기에 '경쟁'이 끼어들면 아이들은 심한 스트레스를 받게 되고 공부는 고통이 되고 맙니다.

물론 이웃 국가들이 경쟁을 강화하는 교육제도를 도입하고 있다는 사실을 알고 있습니다. 그리고 경쟁이 가진 순기능이 있다는 점도 부정하지는 않습니다. 하지만 적어도 핀란드에서는 학생들을 고통으로 몰아넣는 경쟁은 잘못이라는 인식이 지배적입니다. 그리고 아직까지는 경쟁 대신 협력을 강조하는 핀란드식 방식이 충분히 성공적이었음이 현실로 입증되고 있습니다.

사정이 이런데도 계속 아이들을 경쟁 속으로 몰아넣어야 할까요? 과연 경쟁이 아이들의 실력을 높여준다고 계속 믿어야 할까요?

공부 때문에 소중한 '내 아이'와 멀어져버린 부모들
공부 때문에 아이보다 더 불행해진 부모들에게
이 책이 작은 위로와 희망이 되었으면 좋겠습니다.

-책으로여는세상-